Michael Gelb ist ausgebildeter Körpertherapeut, diplomierter Lehrer für Alexandertechnik und hat den schwarzen Gürtel in Aikido. Er ist ein weltweit anerkannter Experte auf dem Gebiet des kreativen Denkens und der Weiterbildung von Führungskräften.

Tony Buzan, ehemaliger Herausgeber der Zeitschrift *Mensa International Journal*, hat sein Leben der Erforschung des kreativen Potentials unseres Gehirns gewidmet. Er hat die Mind-Mapping-Technik entwickelt, ein hocheffizientes Instrument des kreativen Denkens und Schreibens. In vielen Vorträgen und Büchern gibt er sein Wissen an Menschen weiter, die ihre geistigen Fähigkeiten voll nutzen wollen.

Dieses Buch wurde auf chlor- und säurefreiem Papier gedruckt.

Deutsche Erstausgabe Januar 1996

Titel der Originalausgabe: »Lessons from the Art of Juggling«

Originalverlag: Harmony Books / Crown, New York
Umschlaggestaltung: Agentur ZERO, München
Umschlagfoto: Peter Raider
Gesamtherstellung: Clausen & Bosse, Leck
Printed in Germany
ISBN 3-426-82086-2

5 4 3 2 1

Michael J. Gelb
Tony Buzan

Die Kunst des Jonglierens

Der Weg zu Körperbewußtsein, Ausgeglichenheit und Selbstvertrauen

Aus dem Amerikanischen von
Annemarie Pumpernig und
Martina Weinhandl

Knaur

Michaels Widmung

Für meine Frau Nusa, die in so eindrucksvoller Weise jenen Geist der Freude, des Spiels, des Wachstums und der Liebe verkörpert, der mich zur Entwicklung der Jonglier-Metapher-Methode inspirierte.

Tonys Widmung

Für Vanda North, meine wundervolle Gefährtin, Kollegin und Superfrau, deren nie nachlassende Freude am Lernen und Lehren mir Kraft gibt und mich inspiriert.

Inhalt

Danksagungen

Von Michael: Ich danke meinen Jonglierlehrern und -partnern, darunter Dennis Masella, Stuart Haber und Lloyd »Tim« Timberlake; meinen Lehrern und Kollegen der Alexander-Technik, ganz besonders Walter Carrington, Paul Collins und Betty Rajna; den Aikido-Meistern Dr. Clyde Takeguchi, Harvey Konigsberg, Yoshimitsu Yamada und Mitsugi Saotome; meinen Lerntrainern J. G. Bennett, Dr. Mort Herskowitz und Dr. Rudolph Bauer und Klienten, die die Jonglier-Metapher-Methode bei der Führung ihrer Organisationen anwenden, besonders Ed Bassett, Delano Lewis, Jim D'Agostino, Marv Damsma, Dr. Madhu Jayawant und Dr. Tom Jenkins; der Büroleiterin und Werbefachfrau Charlene Smith. Und ganz spezieller Dank gilt meinem wunderbaren Freund Tony Buzan für seine Mind Maps und das positive Zusammenwirken unserer Vorstellungen.

Von Tony: Ich möchte mich bei meinen Lehrern der Alexander-Technik bedanken, vor allem bei Paul Collins, Chris Stevens und Walter Carrington. Außerdem danke ich Minoru Kanetsuka für seine Einführung in die Kunst des Aikido; meinen Büromitarbeitern Carol Coaker, Leslie Bias und Phillida Wilson; Dr. Andrew Springer für seine außergewöhnlichen Erkenntnisse über Körper und Geist; und meiner Mutter, Jean Buzan, die mich dazu angeregt hat, mich zu lebenslangem Lernen zu bekennen. Ein besonderes Dankeschön gebührt meinem besten Freund, Michael Gelb, der die Methode erfunden hat und in meisterhafter Weise die Prinzipien verkörpert, die in diesem Buch beschrieben werden.

Von Michael und Tony: Besonderer Dank gilt unserer Agentin, der klugen und liebenswerten Muriel Nellis, und ihren Mitarbeiterinnen Jane Roberts und Karen Gerwin; unserem Lektor bei Harmony Books, dem scharfsinnigen und geistreichen Peter Guzzardi und seinen Mitarbeitern Sarah Hamlin, Penny Simon und John Fontana. Außerdem danken wir F. M. Alexander und Morihei Ueshiba für ihre Arbeit im Dienste der Menschlichkeit; der International Jugglers Association, den Global Use Your Head Clubs und dem Britain Trust für ihre Unterstützung; und schließlich gebührt ganz besonderer Dank unserer Illustratorin, der Meisterin der visuellen Synthese, Nusa Maal Gelb.

Vorwort
Wie *Die Kunst des Jonglierens* entstand

Michael Gelb erlernte das Jonglieren im Jahr 1973, als er an einem zehnmonatigen Studienprogramm mit J. G. Bennett an der International Academy of Continuous Education in England teilnahm. 1974 kehrte er in die Vereinigten Staaten zurück und begann sein Einkommen durch Auftritte als Jongleur am Harvard Square aufzubessern. 1975 zog Michael nach London, wo er mit einer dreijährigen Ausbildung zum Lehrer der Alexander-Technik begann, einer Methode zur Integration von Körper und Geist. Gleichzeitig schloß er eine wissenschaftliche Arbeit zur Erlangung des Magistertitels ab, deren Schwerpunkt das Lehren und Erlernen der Kunst der entspannten Konzentration bildete. Während seiner Forschungsarbeiten beschloß Gelb, besondere Fertigkeiten im Jonglieren zu erwerben und herauszufinden, wie er das Jonglieren zur Vermittlung seiner Ideen über Lernmethoden verwenden konnte; so wurde die Jonglier-Metapher-Methode geboren. Gelb intensivierte seine Forschungsaktivitäten, indem er als Jonglierlehrer arbeitete und in Nachtklubs, bei Festivals, auf der Straße und bei Konzerten auftrat (unter anderem absolvierte er Auftritte mit den Rolling Stones und Bob Dylan).

Während Gelb wissenschaftlich tätig war, arbeitete Tony Buzan emsig an seiner Entdeckung, dem Mind Mapping, wirkte als Herausgeber des *International Mensa Journal*, schrieb seinen Bestseller *Use Both Sides of the Brain* und entwickelte ein preisgekröntes Programm über das Erlernen von Lerntechniken für die BBC, das er selbst im Fernsehen präsentierte. Er fand außerdem noch Zeit, einen – ebenfalls preisgekrönten – Gedichtband zu schreiben und Forschungsarbeiten über körperliche und geistige Fitneß zu betreiben, darunter eine persönliche Studie über die Alexander-Technik.

Gerade als er mit dem Schreiben seiner Magisterarbeit begann, lernte Gelb die Technik des Mind Mapping von Buzan. Er schrieb seine Magisterarbeit unter Anwendung dieser Methode, und die Arbeit wurde in mehr als fünfzehn Ländern veröffentlicht. Gleichzeitig führte Gelb Buzan in die Jonglier-Metapher-Methode ein. Das war der Beginn einer außergewöhnlichen Zusammenarbeit und Freundschaft. Im Jahr 1978 taten Gelb und Buzan sich zusammen und schufen das Mind and Body Seminar, einen fünftägigen Trainingskurs für Führungskräfte. 1985 begannen sie mit der Erstellung der Mind Maps, aus denen schließlich *Die Kunst des Jonglierens* entstehen sollte.

Ob sie nun jeder für sich oder gemeinsam unterrichteten – sowohl Gelb als auch Buzan verwendeten die Jonglier-Metapher-Methode als integralen Bestandteil ihrer Seminare. Unter den Teilnehmern an diesen Seminaren finden sich Manager und andere Repräsentanten von Firmen wie Amoco, Du Pont, Merck, AT & T, Bell Atlantic, Xerox und Goldman Sachs; Bildungsorganisationen, Inspektoren, Direktoren, Lehrer und Schüler aller Altersstufen, einschließlich einer Gruppe von 200 Kindern aus Südafrika; die U. S. Army, die Nationalgarde, einige Polizeischulen von Nordvirginia und London sowie zahlreiche andere Gruppen wie etwa die Young Presidents Organisation, die Nightingale-Conant-Corporation, die britischen Olympiamannschaften für die Disziplinen Rudern und Schach und das National Public Radio.

Auftakt

Ich,
Jongleur,
stehe zwischen zwei Sphären.
Der Ausdruck
meiner erleuchteten Gedanken
schwebt davon
und hinauf
zur Sonne.
Die Sohlen
und Ballen
meiner Füße
schmiegen sich an die lehmige Erde,
während ich die tanzenden Muster der Unendlichkeit
webe.

Tief im Inneren
bin ich Jongleur.
Tief
atme ich ins Universum hinein.
Ich habe
eingeatmet.

Ich, Atomkind,
bezaubertes Kind,
Sternenkind
des Universums,
jongliere
und werde jongliert.

Einleitung

Unsere Überzeugungen und Ansichten haben sehr starke Auswirkungen auf unsere Wahrnehmungen und die Erfolge, die wir im Leben erzielen. Viele Menschen haben Überzeugungen, die ihr Potential und die Art und Weise, wie sie lernen, einschränken. Diese fundamentalen Einstellungen, für die der Grundstein bereits in unseren ersten Lebensjahren gelegt wird, bleiben oft unreflektiert und unbewußt.

Sie haben dieses Buch wahrscheinlich ausgesucht, weil Sie damit begonnen haben, sich mit Ihrer Art zu lernen auseinanderzusetzen, und weil Sie hoffen, Ihr volles Lernpotential mobilisieren zu können. Vielleicht ist Ihnen bereits bewußt geworden, daß Sie fähig sind, Ihre Überzeugungen zu verändern, und vielleicht haben Sie auch bereits damit begonnen, diejenigen auszuwählen, die Ihnen am meisten Erfüllung und Erfolg zu versprechen scheinen. Vielleicht möchten Sie auch nur einfach gern jonglieren lernen.

In jedem Fall ist DIE KUNST DES JONGLIERENS das richtige Buch für Sie! Es basiert auf folgenden Behauptungen, die wir uns gemeinsam näher ansehen wollen:

1. Sie können jonglieren lernen – und falls Sie sich tatsächlich dazu entschließen sollten, *werden* Sie es auch lernen –, und es ist einfach unvermeidbar, daß Sie dabei Fortschritte machen werden.
2. Sie werden die Lektionen des Jonglierenlernens auf alle anderen Lernbereiche anwenden können.
3. Das *Lernen zu erlernen* ist die wichtigste Sache im Leben überhaupt.

4. Lernen ist im Grunde ein lohnender und lustvoller Prozeß.
5. Ihr Potential als Lernender ist buchstäblich unendlich groß, und Ihre Lernfähigkeit kann mit zunehmendem Alter steigen.
6. Die besten Lernenden zeichnen sich durch eine entspannte Konzentration aus, und zwar sowohl in ihrer körperlichen als auch in geistigen Haltung. Sie vereinen höchste Qualitätsansprüche mit einer positiven Einstellung gegenüber Fehlern. Wenn Sie die folgenden Lektionen in die Realität umsetzen, werden auch Sie zu dieser Gruppe der Erfolgreichen gehören.

Forschungsarbeiten haben gezeigt, daß der Lernprozeß bereits im Mutterleib beginnt und bis zum Tod andauert. Unser Gehirn hat eine Lernkapazität, die buchstäblich grenzenlos ist und jeden Menschen zum potentiellen Genie macht. Indem Sie lernen, wie man lernt, können Sie den Zugang zu diesem Genie in Ihnen finden.

Jonglieren oder nicht jonglieren ...

Wenn Sie dieses Buch gekauft haben, weil Sie wirklich jonglieren lernen wollen, dann kaufen Sie sich drei Bälle (Tennisbälle, Lacrossebälle, notfalls können Sie auch Orangen, Äpfel usw. verwenden, nur noch keine Eier) und machen Sie die Jonglierübungen, auf die Sie beim Weiterlesen stoßen werden. Um mehr Spaß an der Sache zu haben und mehr Feedback zu bekommen, sollten Sie mit einem Partner üben, wann immer dies möglich ist. Wenn Sie bereits jonglieren können, dann ist DIE KUNST DES JONGLIERENS für Sie eine Chance, in Ihrem Können und in all dem, was Sie im Leben anstreben, einen gewaltigen Schritt vorwärts zu machen.

Wenn Sie sich für dieses Buch entschieden haben, weil Sie das Lernen lernen wollten, aber nicht besonders erpicht darauf sind, ein Jongleur zu werden, dann empfehlen wir Ihnen, einfach *so zu tun*, als ob Sie daran interessiert wären, das Jonglieren zu lernen. Lesen Sie die Anleitungskapitel, und machen Sie die Übungen.

Während Sie lesen und üben, werden Ihnen die Parallelen zwischen dem Jonglieren und verschiedenen Aspekten Ihres Privat- und Berufslebens zunehmend klarwerden. Wenn Sie diese Parallelen einmal erkannt haben, werden Sie die Jonglier-Metapher-Methode auf jede beliebige Disziplin anwenden können.

Wir versuchten die Botschaft, die in diesem Buch vermittelt wird, auch in der Art und Weise auszudrücken, in der wir dieses Buch geschrieben haben. Auch wenn die Informationen in spielerischer Weise dargeboten werden und das Jonglieren selbst eine im wesentlichen fröhliche Aktivität ist (das Wort *Jongleur* kommt von dem lateinischen Begriff *joculari*, was »Witz«, »Spaß« bedeutet), ist das Thema »das Lernen lernen« eine durchaus ernste Sache. Der Ansatz, der in diesem Buch vorgestellt wird, wurde in unseren firmeninternen und öffentlich zugänglichen Seminaren an Tausenden von Menschen aus der ganzen Welt getestet. Aber natürlich werden Sie den allerwichtigsten Test selbst machen, und zwar indem Sie die Vorschläge, Experimente und Möglichkeiten aufgreifen, die im folgenden vorgestellt werden.

In einer Zeit dramatischer Veränderungen sind es die Lernenden, denen die Zukunft gehören wird. Diejenigen, die bereits alles gelernt zu haben meinen, sind gerüstet für das Leben in einer Welt, die nicht mehr existiert.

Eric Hoffer

Teil I

Das Abenteuer beginnt

1 Die Jonglier-Metapher

Es ist bei weitem das Großartigste, ein Meister der Metapher zu sein.

Aristoteles

Vergegenwärtigen Sie sich die schlichte Schönheit und Eleganz des Jonglierens. Stellen Sie sich einen guten Jongleur vor, und genießen Sie die Balance, die Ausgewogenheit, den Rhythmus und die Verspieltheit der Bewegungen. Es sind die Zeichen der Perfektion und der allerhöchsten Kunst, nach denen wir alle offen oder insgeheim streben.

Der Weg, der zu solcher Vollendung führt, ist oftmals mit mißlungenen Experimenten, Versagensängsten und geheimen Zweifeln gepflastert. Nach gutgemeinten – oftmals erfolglosen – Versuchen beginnen viele Menschen zu argwöhnen, daß die Fähigkeit zu perfekter Beherrschung und Balance von Körper und Geist eine Sache ist, die lediglich einigen von Natur aus begabten Personen vorbehalten sei.

Wir kennen dieses Gefühl! Unsere eigenen Erfahrungen waren ganz ähnlicher Art. Als Kind »fing« Tony die Bälle immer mit den falschen Körperteilen auf, was zur Folge hatte, daß er mit gequetschten Zehen, verstauchten Daumen und gelegentlich auch mit einem blauen Auge herumlief. Angesichts dieser unglücklichen Erfahrungen mit kugelförmigen Objekten war Tony gern einverstanden, als der Sportlehrer ihm vorschlug, sich während des Sportunterrichts anderen Aktivitäten zuzuwenden.

Michael fand einen besseren Zugang zu seinem ureigenen Gefühl für den Ball; aber auch er entwickelte es erst umfassend, als er begann, die Prinzipien dieses Buches anzuwenden. Als Kinder hätten wir uns beide niemals träumen lassen, daß wir eines Tages vor einem Publikum von 250 000 Menschen jonglieren würden. Genausowenig hätten wir uns vorstellen können, daß wir einmal Führungskräfte aus bedeutenden Unternehmen, Angehörige von Königshäusern, Armeeoffiziere, Fabrikarbeiter, Lehrer, Selbständige, Studenten und Kinder die Kunst und Wissenschaft des Jonglierens lehren würden. Oder auch, daß wir einmal gemeinsam an einem Buch arbeiten würden, in dem das Spielen mit Bällen als Metapher für alle Lernprozesse verwendet wird, die der Mensch durchläuft.

Wieso ist das Jonglieren eine Metapher für das Leben?

Jede Lernerfahrung stellt eine wertvolle Gelegenheit dar, fundamentale Prinzipien des Wachsens und der Veränderung zu überprüfen. Während der letzten fünfundzwanzig Jahre haben wir unsere wissenschaftlichen Untersuchungen über das Gehirn und das Lernen um praktische Tests erweitert. Wir haben selbst ständig die Herausforderung angenommen, neue Dinge zu lernen – vor allem solche Dinge, von denen uns als Kinder gesagt wurde, daß wir dafür wenig oder kein Talent hätten. Wir haben viele neue Fertigkeiten erlernt, darunter Singen, Schwimmen, Tanzen, Tennis, Sprachen, Kampfsporttechniken, Zeichnen und Jonglieren.
Jedes dieser Themen könnte eine fruchtbare Metapher für die Erforschung der Kunst des Lernens und des Lebens abgeben. Aber das Jonglieren bietet etwas ganz Besonderes. Wir haben das Jonglieren zum zentralen Thema dieses Buches gemacht, weil jeder beliebige Lernprozeß es erforderlich macht, eine Reihe von Dingen gleichzeitig »in der Luft«

zu halten, und weil »die Bälle fallen lassen« eine ideale Metapher für den angemessenen Umgang mit Fehlern darstellt, den wir für eine sehr wichtige Fähigkeit im Leben halten. Jonglieren fördert außerdem ein Gefühl innerer Ruhe inmitten der Aktivität, eine besondere Erfahrung der Harmonie zwischen Körper und Geist. Und die Fröhlichkeit, die im Jonglieren liegt, erleichtert den Zugang zu dem grundlegenden menschlichen Lernprozeß des Spiels.

Jonglieren ist einfach zu lernen. Sie können allein jonglieren oder gemeinsam mit anderen, und alles, was Sie brauchen, um beginnen zu können, sind mehr Bälle als Hände. Die Fortschritte beim Jonglieren sind leicht zu messen, und Sie können Ihre Künste ein Leben lang weiterentwickeln und perfektionieren.

Darüber hinaus spiegelt das Jonglieren eine im gesamten Universum auftretende Art der Bewegung wider; die Beispiele dafür reichen von der Bewegung der Elektronen um den Atomkern und der bogenförmigen Bahn eines vom Wind bewegten Blattes bis hin zu den wirbelnden Mustern von Galaxien in einem sich ständig ausdehnenden Universum. Architektur, Musik, Malerei, Dichtkunst – alle versuchen verschiedenen Dimensionen der ursprünglichen Muster der Natur Ausdruck zu verleihen. Auf einfache und unmittelbare Art bringt uns die Kunst des Jonglierens in Einklang mit diesem universellen Rhythmus, weil sie einem Muster nachempfunden ist, das uns mit der gesamten Schöpfung verbindet und Saiten in unserem tiefsten Inneren zum Klingen bringt.

Wie George Leonard in *Der Pulsschlag des Universums* schreibt: »In unser aller Herzen pocht – ungeachtet all unserer Unzulänglichkeiten – ein stiller, vollkommener Rhythmus, ein komplexes Geflecht aus Wellen und Resonanzen, das absolut individuell und einzigartig ist und das uns doch mit allem anderen im Universum verbindet. Der Prozeß des

In-Kontakt-Tretens mit diesem Pulsschlag kann unsere persönliche Erfahrung verwandeln und in gewisser Weise die Welt um uns herum verändern.«

Wenn Sie lernen zu jonglieren, wird Ihnen das helfen, Ihren eigenen Rhythmus zu entdecken. Sie werden feststellen, daß der Schlüssel beim Lernen darin besteht, auf diesen »stillen Pulsschlag« zu horchen und zu vertrauen. Nach insgesamt mehr als sechzig Jahren des Studiums von Höchstleistungen, die Individuen und Unternehmen erbracht haben, entwickelten wir einen Lernansatz, der den Lernfortschritt beschleunigt und die Freude daran deutlich steigert. Wir beginnen mit einer schrittweisen Anleitung zum Jonglierenlernen. In den folgenden Kapiteln werden Sie lernen, wie Sie

- sich Ziele setzen und Ergebnisse visualisieren, die sich an hervorragenden Rollenmodellen orientieren
- Ihre Haltung gegenüber Fehlern und Mißerfolgen modifizieren
- lästige Gewohnheitsmuster, die Sie sich angeeignet haben, erkennen und ändern
- Ihr natürliches Gleichgewicht bewahren, indem Sie die Kunst der entspannten Konzentration pflegen
- Ihre Coaching-Fähigkeiten entwickeln, damit Sie andere zu der lustvollen Reise des lebenslangen Lernens anregen können
- das Genie, das in Ihnen steckt, durch die Kraft des Spiels befreien!

Praktischer Nutzen der Jonglierkunst

Wenn Sie die Übungen in diesem Buch gemacht haben, werden Sie beginnen festzustellen, daß Sie lebenslang von vielen anderen spezifischen Vorteilen profitieren können, darunter

1. Gleichgewichtssinn und Beidseitigkeit
2. Fitneß
3. entspannte Konzentration/angemessene Anstrengungen
4. Freude und Selbstvertrauen

Sehen wir uns diese lebenswichtigen Punkte einmal der Reihe nach an.

Gleichgewichtssinn und Beidseitigkeit

Das Jonglieren fördert die Beidseitigkeit. Es fördert die rhythmische Koordination zwischen den beiden Körperhälften und den beiden Gehirnhälften. Beidseitigkeit ist ein ausschlaggebender Faktor für hohe Leistungen und Gleichgewicht im Leben.

Obwohl wir die Beidseitigkeit viele Jahre lang studiert haben, wurde uns ihre wahre Bedeutung erst klar, als wir Professor Raymond Dart kennenlernten, den renommierten Gehirnforscher, Anthropologen und Anatomen. Professor Dart gelang es im Alter von über achtzig Jahren, eine scheinbar irreversible progressive Blindheit zu besiegen. Er erklärte uns detailliert, wie er das geschafft hatte. Zunächst hatte er eine sorgfältige Analyse seiner Bewegungsmuster vorgenommen; dabei hatte sich herausgestellt, daß er physisch zunehmend aus dem Gleichgewicht zu geraten begann – wie er es ausdrückte, »es knarrte an allen Ecken und Enden«. Er begann zu trainieren und lernte seinen Körper in ausgewogenerer Weise zu bewegen, vor allem übte er die bessere Koordinierung beider Hände und beider Körperhälften. Er stellte als Resultat seiner Experimente mit der Beidseitigkeit signifikante Verbesserungen sowohl seiner Sehkraft als auch seiner allgemeinen Befindlichkeit fest.

Am Ende des wunderbaren Tages, den wir mit ihm verbrachten, baten wir Professor Dart, sein Lebenswerk in fünf Botschaften zusammenzufassen, die er an zukünftige Generationen weitergeben wolle. Er antwortete, daß es nur eine einzige Botschaft gebe, und rief, während er sich aus seinem Stuhl erhob: »Michael, Tony, ihr müßt den Menschen sagen, daß sie ihr Gehirn, ihren Körper ins Gleichgewicht bringen müssen … Die Zukunft gehört dem beidseitigen Menschen!«
Professor Darts Botschaft wird von neuesten Forschungsergebnissen bestätigt, die gezeigt haben, daß ein Gleichgewicht zwischen den Gehirnhälften zu einem ausgeglicheneren Körper führt und dieser wiederum zu ausgeglicheneren Gehirnfunktionen.
Professor Dart empfahl das Jonglieren als eine Trainingsmethode zur Erlangung dieses natürlichen Gleichgewichtszustandes. Er bestätigte uns, daß er bei seinen Studien über menschliche Höchstleistungen auf überraschend viele beidseitige Personen gestoßen war. So waren beispielsweise im Sport viele der weltbesten Athleten beidseitig, etwa die Boxchampions Jack Dempsey, Joe Louis, Sugar Ray Robinson, Muhammad Ali und Julio César Chavez, Baseballstars wie Mickey Mantle und Willie Mays und Basketballgrößen wie Larry Bird, Magic Johnson und Michael Jordan.
Im Bereich der Kunst kultivierten zwei Maler – Leonardo da Vinci und Michelangelo –, die von vielen Menschen als die größten aller Zeiten betrachtet werden, bewußt ihre Beidseitigkeit. Michelangelo beispielsweise verblüffte immer wieder seine Schüler und andere Beobachter, wenn er die Hand wechselte, während er an seinen Meisterwerken arbeitete. Neuere Studien von dem Geburtshelfer Frederic Leboyer an Kindern, die in Umgebungen hineingeboren wurden, die in hohem Maße förderlich waren, haben gezeigt, daß ein signifikanter Prozentsatz dieser Kinder von Natur aus ein hohes Maß an beidseitigem Verhalten entwickelte.

Jonglieren fördert die rhythmische Koordination zwischen beiden Hälften des Körpers und beiden Gehirnhälften. Regelmäßiges Jonglieren schafft psychophysische Beidseitigkeit.

Fitneß

Zusätzlich zur Beidseitigkeit bietet das Jonglieren eine Reihe anderer Vorteile, die die Fitneß betreffen: einen lebhaften Muskeltonus, raschere Reflexe, verbesserte Koordination zwischen Augen und Händen und ein ausgewogenes Gleichgewicht. Und in den Anfangsstadien kann das Aufheben der Jonglierbälle intensives Aerobictraining bedeuten! Wenn Sie schon einige Fortschritte gemacht haben, können Sie Ihren Oberkörper kräftigen, indem Sie mit schweren Objekten jonglieren. Jonglieren kann auch mit Laufen (»Jogglieren«) und Tanzen (»Jigglieren«) kombiniert werden, um den fortgeschrittenen Jongleur in den Genuß eines Aerobictrainings kommen zu lassen.

Entspannte Konzentration – angemessene Anstrengungen

Wenn Sie das Lernen und das Jonglieren erlernen, indem Sie die Prinzipien aus *Die Kunst des Jonglierens* anwenden, werden Sie entdecken, wie Sie Ihre Konzentration zwischen verschiedenen Dingen aufteilen können, während Sie gleichzeitig das Gesamtbild im Auge behalten. Wenn Sie jonglieren lernen, müssen Sie sich simultan entspannen und konzentrieren. Diese als *entspannte Konzentration* bezeichnete Fähigkeit ist für Höchstleistungen jeder Disziplin wesentlich. Wenn Sie Meister ihres Faches wie etwa Fred Astaire, Ella Fitzgerald, Joe Montana oder Meryl Streep beobachten, werden Sie bemerken, daß alles, was sie tun, ganz einfach aussieht. Wenn Sie jonglieren lernen, werden Sie bald feststellen, daß man die besten Resultate erzielt, wenn man das

richtige Maß an Anstrengung zur rechten Zeit und am rechten Ort aufwendet. Und dieses richtige Maß ist normalerweise weniger, als wir zu brauchen glauben.
In anderen Worten: Je weniger unnötige Anstrengung Sie ins Lernen investieren, desto erfolgreicher werden Sie sein. Diese Lern- und Jongliermethode wird Sie lehren, unnötige Spannungen und falsche Nacken-, Schulter-, Rumpf- und andere Körperbewegungen abzubauen. Sie werden entdecken, daß das Geheimnis des Jonglierens – der Schlüssel zu rascherem Lernen – darin besteht, *das angemessene Maß an Anstrengung* aufzuwenden.
Die meisten Menschen sind daran gewöhnt, Resultate zu erzielen, indem sie sich ganz besonders bemühen, aber manchmal funktioniert diese Methode nicht. Wie Yoda in *Krieg der Sterne* sagt: »Bemühen? Es gibt kein Bemühen. Es gibt nur tun oder nicht tun.«
Besondere Anstrengungen können ungünstige Handlungsmuster weiter verstärken. Wenn man die falsche Sache noch intensiver tut, verbessert das die Situation nie. Etwas Neues zu lernen bedeutet für uns oft, etwas Altes verlernen zu müssen. Während Sie lernen, wie man lernt und wie man jongliert, werden wir Ihnen zeigen, wie Sie alte Spannungs- und Streßmuster abbauen und wie Sie mit weniger Anstrengung bessere Resultate erzielen können. Im Zuge dieses Prozesses werden Sie die Schönheit der »Ruhe in der Aktivität« entdecken. Dieser Zustand der Harmonie, des Fließens, der Anmut wird jeden Aspekt Ihres Lebens in positiver Weise beeinflussen.

Freude und Selbstvertrauen

Vielleicht werden Sie zum ersten Mal seit Ihrer Kindheit, in der Sie wie alle Kinder von Natur aus Spaß am Lernen hatten, entdecken, daß es interessant, angenehm und lustig sein kann, Neues zu lernen – und zwar auch solche Dinge, von denen Sie dachten, daß Sie kein oder nur wenig Talent dafür hätten. Sie werden herausfinden, daß der Prozeß des Lernens seine eigenen, versteckten Freuden birgt. Wenn Sie jonglieren lernen, werden Sie merken, daß diese Aktivität viel Spaß macht. Die Bewegungen, Farben, Empfindungen und Rhythmen sind eine nie versiegende Quelle der Freude und des Vergnügens.

Und wenn Sie dann Fortschritte machen, werden Sie dieselbe Freude erleben wie ein Künstler, der bewegliche Skulpturen schafft.

Wir werden Sie lehren zu jonglieren und zu lernen, indem wir Sie durch eine Reihe kleiner Erfolgserlebnisse führen. Jedesmal, wenn Sie einen Fortschritt machen, wird Ihr Selbstvertrauen wachsen und Sie dazu inspirieren, weiterzumachen und noch größere Erfolge zu erringen. Selbstvertrauen bringt Erfolg, und Erfolg bringt Selbstvertrauen. Die folgenden Lektionen werden Ihnen zeigen, wie man diesen positiven Kreislauf initiiert.

Wenn Sie Ihre phänomenale Lernkapazität zu erkennen beginnen und sich Strategien aneignen, die Ihnen den Zugang zu diesem Potential ermöglichen, wird Ihr Selbstvertrauen wachsen. Sofern Sie die Anregungen in den folgenden Lektionen befolgen, werden Sie lernen, Dinge zu tun, die Sie bisher für unmöglich hielten.

2 Die Unendlichkeit meistern

Eine Welt in einem Sandkorn sehen
und den Himmel in einer wilden Blume.
Die Unendlichkeit in deiner Hand
und Ewigkeit in einer Stunde.

William Blake
»Auguries of Innocence«

Die Kunst des Jonglierens

Auf unserer Reise, auf der wir das Lernen und das Jonglieren erlernen wollen, gehen wir zunächst einmal zurück in das Jahr 1974, in dem Michael sich zum ersten Mal zum Jonglieren inspiriert fühlte.

Er sah einen brillanten Jongleur, der drei Kugeln in einem seitlichen Achtermuster durch die Luft warf. Michael rief: »Das Symbol der Unendlichkeit! Er hält die Unendlichkeit in seinen Händen!« Michael beschloß in diesem Augenblick, daß er dieses Unendlichkeitsmuster erlernen und selbst Jongleur werden wollte. Er bat den wunderbaren Künstler, den er gerade beobachtet hatte, ihn das Jonglieren zu lehren. Der Jongleur war einverstanden, aber seine didaktischen Fähigkeiten blieben bei weitem hinter seinen Jonglierkünsten zurück. Die einzige Anweisung, die er Michael gab, war: »Nimm diese drei Bälle, wirf sie in die Luft und laß keinen davon fallen!«

Die Instruktionen, die Sie in diesem Buch finden werden, sind hilfreicher und detaillierter, und sie garantieren Ihnen auf jeder Stufe des Lernprozesses Erfolge. Fangen wir an, und treffen wir alle nötigen Vorbereitungen für einen erfolgreichen Einstieg in die Kunst des Jonglierens.

Ihre äußere Lernumgebung

Ihre Umgebung hat großen Einfluß auf den Lernprozeß. Ob Sie für eine Prüfung lernen, Klavierspielen lernen oder ein Seminar besuchen – Sie werden schneller und effektiver lernen, wenn Sie genügend Platz, natürliches Licht, frische Luft, die richtige Ausrüstung und – manchmal – die richtige Musik haben. Sehen wir uns nun an, wie die ideale Umgebung für das Jonglierenlernen aussieht.

1. Ort: Sie können überall jonglieren – und irgendwann werden Sie es auch! In den Anfangsstadien werden Sie sich wahrscheinlich eine besonders günstige Umgebung schaffen wollen. Wenn Sie im Haus jonglieren, suchen Sie sich einen Bereich mit großer Raumhöhe, viel freiem Platz und möglichst wenigen zerbrechlichen Gegenständen aus. Hügel, Täler, Felder, Höfe und Strände sind für das Jonglieren optimal geeignete Orte, weil die Muster des Jonglierens die Schönheit der Natur widerspiegeln und die Zimmerdecke himmelhoch liegt.
2. Licht: Das für das Jonglieren ideale Licht ist natürliches Sonnenlicht. Wenn dieses nicht verfügbar ist, sind Vollspektrumlampen oder Glühlampen der beste Ersatz. Versuchen Sie Neonlicht zu vermeiden, weil es die Augen anstrengt und die Integration Ihrer linken und rechten Gehirnhälfte behindert. Schlechtes Licht kann auch Ihr physisches Gleichgewicht und Ihre Form- und Farbwahrnehmung stören.
3. Luft: Das Gewicht Ihres Gehirns macht zwar nur zwei bis drei Prozent Ihres gesamten Körpergewichtes aus, dennoch

verbraucht das Gehirn 20 Prozent des im Körper vorhandenen Sauerstoffs. Aus diesem Grund ist es wichtig, nach Möglichkeit an einem Ort zu jonglieren, an dem frische Luft gewährleistet ist.

4. Musik: Die richtige Musik wird Ihren Sinn für Rhythmus wecken und Ihnen helfen, Gleichgewicht zwischen Ihren Gehirnhälften herzustellen. Wir empfehlen Ihnen, während des Übens Musik zu hören, damit Sie von diesen Vorteilen profitieren können. Musik, die wir beim Jonglieren gerne hören, stammt unter anderem von folgenden Komponisten oder Interpreten: Vivaldi, Bach, Mozart, Beethoven, Glenn Miller, Andreas Vollenweider, R. Carlos Nakei, Jean-Michel Jarre und Tina Turner.

Wenn Sie kein Gerät zur Verfügung haben, auf dem sich Musik spielen läßt, können Sie auch Ihre eigenen Melodien, Lieder und Rhythmen erfinden. Summen Sie. Pfeifen Sie. Singen Sie. Klopfen Sie Rhythmen. Erfinden Sie Ihre eigene Jongliermusik!

5. Ausrüstung: Wenn sie schon etwas besser jonglieren können, werden Sie feststellen, daß sich mit jedem beliebigen Gegenstand, der nicht festgenagelt ist und den Sie aufzuheben imstande sind, jonglieren läßt. Für den Anfang empfehlen wir jedoch:

a. *Bälle:* Anfangs brauchen Sie drei Bälle. Professionelle Jongleure verwenden oft Lacrossebälle, aber auch Tennisbälle, Racketbälle und alle anderen Bälle, die Sie leicht und bequem werfen und fangen können und die Ihre Sinne ansprechen, sind geeignet. Wir empfehlen, drei verschiedenfarbige Bälle zu verwenden, zumindest aber sollte *einer* eine andere Farbe haben. Das wird Ihnen helfen, besser zwischen den einzelnen Jongliermustern unterscheiden zu können und dadurch neue und schwierigere Techniken leichter zu erlernen.

b. *Schals:* Um Ihr Selbstvertrauen zu stärken, sollten Sie

ein Experiment machen und mit leichten, ca. 30 x 30 cm großen Seidenschals jonglieren. Solche Schals haben den Vorteil, daß sie in der Luft schweben, wenn man sie hochwirft, und so einen Eindruck von *Zeitlupe* erzeugen.

c. *Bean Bags*:* Achtung! Obwohl Bean Bags oft als Jonglierobjekte verwendet werden und den offensichtlichen Vorteil haben, daß sie nicht davonhüpfen, wenn man sie fallen läßt, sind sie relativ statisch und schränken Ihre kreativen Möglichkeiten ein. Bälle vermitteln ein lebendigeres Gefühl in den Händen. Und abgesehen von dem netten Geräusch, das er macht, gibt einem ein zurückfedernder Ball auch wertvolles Feedback darüber, ob Sie mit der richtigen Kraft und in die richtige Richtung geworfen haben. Darüber hinaus kann das Zurückspringen eines fallen gelassenen Balles den Anstoß zur Entwicklung neuer Jongliertricks geben.

6. Ballmanagement: Als Michael jonglieren lernte, ließ er anfangs regelmäßig die Bälle zu Boden fallen. Nach kurzer Zeit wurde ihm mitgeteilt, daß man ihm die Wohnung kündigen werde, falls er fortfahren sollte, auf der Zimmerdecke seines Nachbarn Schlagzeug zu spielen. Also entwickelte Michael Lösungen wie »Das Bett« und »Die Couch«, die hier beschrieben werden:

a. *Das Bett:* Stellen Sie sich neben ein Bett, wenn Sie jonglieren, so daß die Bälle, wenn Sie sie fallen lassen, auf dem Bett landen und nicht auf dem Boden!

b. *Die Couch oder Hängematte:* Ähnlich wie ein Bett kann auch eine Couch oder eine Hängematte Ihnen beim Ballauffangen eine Hilfe sein.

c. *Der Fallschirm:* Enthusiasten können einen Fallschirm oder ein großes Tuch in den vier Zimmerecken befesti-

* Anm. d. Ü.: »Bean Bags« sind Stoffsäckchen, gefüllt mit getrockneten Erbsen o. ä.

gen, so daß eine Art Schüssel entsteht, in deren Zentrum der Jongleur steht. Der Vorteil dieses Arrangements liegt darin, daß die Bälle zu Ihnen zurückrollen, wenn Sie sie fallen lassen.

7. *Wenn Sie schon fortgeschritten sind:* Vielleicht würden Sie gern in der Öffentlichkeit als Jongleur auftreten. In diesem Fall empfehlen wir Ihnen, sich darauf vorzubereiten, indem Sie gelegentlich unter Bedingungen üben, die den oben beschriebenen genau *entgegengesetzt* sind! Die meisten Auftrittsörtlichkeiten wie etwa Nachtclubs, die Straße, Parties und so weiter zeichnen sich durch niedrige Zimmerdecken, schlechte Luft, grelles Licht und andere Störfaktoren aus. Beginnen Sie mit optimalen Bedingungen und »arbeiten Sie sich nach unten weiter«.

Ihre »innere Lernumgebung«

Aufwärmen: Bevor Sie mit dem Jonglieren beginnen, sollten Sie sich aufwärmen. Machen Sie Ihre Lieblingsdehnungs-, Yoga-, Aikido- oder Tai-Chi-Übungen, oder entwickeln Sie Ihr eigenes Übungsprogramm.

Eine aufrechte Haltung einnehmen: Für das Jonglieren ist eine aufrechte, aber nicht steife Haltung am besten geeignet, ähnlich wie sie bei einem Massai-Krieger oder einem gesunden Baby zu beobachten ist. Spreizen Sie die Beine etwa schulterbreit. Stehen Sie ganz aufrecht. Lassen Sie die Schultern locker; halten Sie den ganzen Körper gerade und Ihren Kopf locker und aufrecht. Lassen Sie die Ellenbogen eng am Körper anliegen. Ihre Gelenke sind beweglich und elastisch.

Frei atmen: Während Sie jonglieren, sollten Sie sich ständig selbst überwachen und darauf achten, daß Sie nicht aufhören zu atmen! Besonders im Anfangsstadium halten viele Leute den Atem an, wenn sie die Bälle werfen und fangen. Atmen Sie tief und frei durch, und atmen Sie ab und zu gründlich und vollständig aus (Seufzen und Gähnen sind hilfreich). Testen Sie von Zeit zu Zeit, wie leicht und frei Sie atmen, indem Sie ein längeres *ahhhhhhhhhh* flüstern.

Sich das Lernen zum Ziel setzen: Wenn Sie sich vornehmen, wirklich zu lernen und nach den folgenden Instruktionen jonglieren, werden Sie unweigerlich Fortschritte machen. Sie werden jedoch all die Höhen und Tiefen durchmachen, die ein natürlicher Bestandteil des Erlernens jeder neuen Fertigkeit sind.

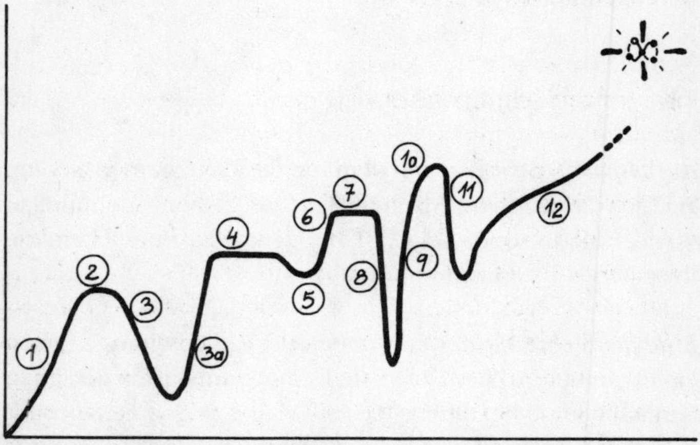

Die Schritte der Verbesserung und des Fortschritts

(1) Verbesserung
(2) Spitze
(3) Rückschritt
(3a) Verbesserung
(4) Plateau
(5) Kleiner Einbruch
(6) Verbesserung
(7) Plateau
(8) Rückschritt
(9) Verbesserung
(10) Spitze
(11) Rückschritt
(12) Stetige Verbesserung

- *Plateau* – während dieser Perioden machen Sie anscheinend nur geringe Fortschritte, aber auf der unbewußten Ebene bereiten Sie sich schon auf den nächsten Sprung nach vorne vor.
- *Große oder kleine Rückschritte* – wenn Sie alte Gewohnheiten ablegen, aber noch keine neuen Routinen gefunden haben, scheint es oft, als ob Sie trotz des Übens Rückschritte machten. Diese Rückschrittsperioden sind oft Vorboten großer Fortschritte.
- *Perioden rascher Verbesserung oder stetigen Fortschritts* – wenn Ihr Gehirn-Körper-System die Früchte Ihrer Anstrengungen erfolgreich integriert.

Natürlich wird sich Ihre Kurve von denen aller anderen Leute unterscheiden, aber sie wird genau dieselben Elemente enthalten. Wenn Sie jonglieren oder irgendeine andere Fertigkeit erlernen, ist es wichtig, von vornherein zu wissen, daß diese Stadien in Ihrer Kurve auftauchen *müssen* und daß die offensichtlichen Rückschritte, die Sie machen werden, ein natürlicher Bestandteil des Lernprozesses sind und eigentlich wichtige Meilensteine darstellen, die Ihre Fortschritte *beschleunigen* können. Wenn Sie sich mit dem natürlichen Verlauf Ihrer Lernkurve vertraut machen, werden Sie fähig sein, sich zu entspannen und jeden Abschnitt zu genießen. Und wenn Sie lernen, sich zu entspannen, werden Sie noch schneller lernen.

Absichtliches Fallenlassen; auf den Prozeß achten –
Eines der Geheimnisse unseres Ansatzes für das Jonglierenlernen ist *das absichtliche Fallenlassen der Bälle*. In unseren Jonglierkursen demonstrieren wir die Drei-Ball-Kas-

kade und fordern unsere Schüler auf, genau zuzusehen. Wir bitten sie dann zu beschreiben, was ihnen an unseren Handbewegungen aufgefallen ist. Wenn sie bemerkt haben, daß unsere Hände sich in einem einfachen, rhythmischen, senkrechten, auswärts kreisenden Muster bewegen, stellt normalerweise jemand fest, daß unsere Handbewegungen absolut gleichförmig sind. Wir fragen dann die Klasse: »Was macht es uns möglich, unsere Hände jedesmal in derselben Weise zu bewegen?« Normalerweise antwortet irgend jemand: »Übung!« Das stimmt natürlich, aber das eigentliche Geheimnis besteht darin, zu üben, *die Bälle jedesmal an dieselbe Stelle zu werfen,* so daß sie immer wieder am selben Platz landen. Das macht das Jonglieren einfach! Am Anfang ist es daher ganz wichtig, sich primär auf das Werfen und nicht auf das Fangen zu konzentrieren. Dies erreicht man, indem man die Bälle absichtlich fallen läßt.

Unmittelbarer Erfolg beim Jonglieren mit einem Ball!

Beginnen Sie, indem Sie mit nur einem Ball spielen: Nehmen Sie einen Ball und spielen Sie damit; experimentieren Sie unter Einsatz all Ihrer Kreativität. Versuchen sie alle möglichen Arten des Werfens, Fangpositionen und Variationen aller Themen, die Ihnen nur einfallen. Werfen Sie den Ball hoch; lassen Sie ihn vom Boden zurückprallen; genießen Sie das Gefühl, wenn Sie den Ball fallen lassen. Viele große Jongleure entwickeln die grundlegenden Elemente ihrer neuen Kunststücke, indem sie zu Ein-Ball-Experimenten und -Spielen zurückkehren.

Visualisieren Sie die Jonglierbox: Sie können die Jonglierbox als grundlegenden Rahmen für all Ihre Jonglieraktivitäten verwenden. Stellen Sie sich eine dreidimensionale Box vor, deren Boden sich in Höhe Ihres Nabels befindet und deren Deckel Ihren Scheitel um etwa 15 cm überragt. Ihre Hände liegen auf dem Boden der Box, entspannt und offen; die Unterarme sind in etwa parallel zum Boden ausgerichtet, und die Ellenbogen liegen am Körper an. Bälle, die Sie mit der rechten Hand werfen, zielen auf den Punkt links vom Mittelpunkt der oberen Begrenzungslinie der Box. Wenn Sie diesen Punkt mit dem Ball treffen, wird der Ball in Ihrer linken Hand landen. Bälle, die Sie mit der linken Hand werfen, zielen auf den Punkt rechts vom Mittelpunkt der oberen Begrenzungslinie der Box. Wenn Sie diesen Punkt mit dem Ball treffen, wird der Ball in Ihrer rechten Hand landen.

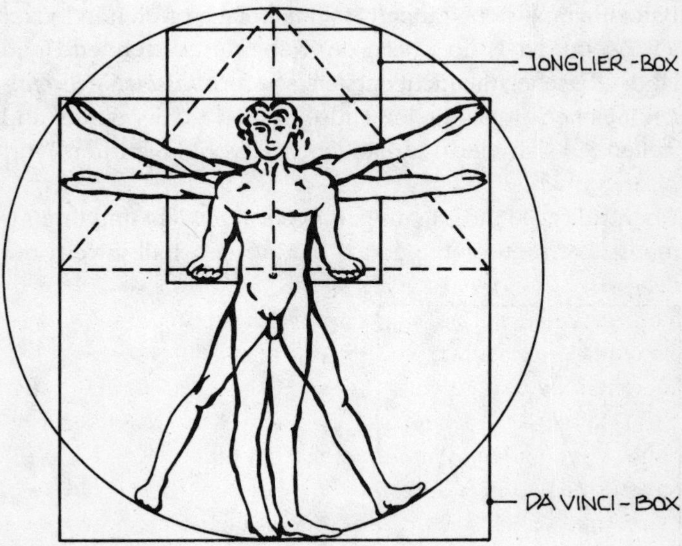

Jonglieren mit einem Ball: Ihre erste Jonglierübung besteht darin, einen Ball zum oberen Rand der Box zu werfen und den Ball dann in Ihrer anderen Hand landen zu lassen.

Wenn Sie den Ball werfen, wenden Sie sowenig Energie auf wie möglich: Machen Sie eine ganz leichte Bewegung mit Ellenbogen und Handgelenk, die den Ball von Ihren Fingerspitzen weg und zu dem Punkt am oberen Ende der Schachtel befördert. Ein Künstler beschrieb den ersten Schritt folgendermaßen: »Der Effekt ist so ähnlich wie eine kleine Welle, die mit einem Funkeln in den Augen beginnt, dann durch den Ellenbogen pulsiert und schließlich mit jener kleinen Aufwärtsbewegung der Hand endet, die den Ball in die Luft schleudert.«

Der erste Ball, den Sie werfen, wird von Ihrer anderen Hand aufgefangen, die in ihrer Ausgangsposition an der unteren Begrenzung der Box wartet. Sie brauchen nicht nach dem Ball zu »grapschen«; fangen Sie ihn einfach offen und locker auf. Wenn der Ball nicht in der Nähe der wartenden Hand landet, haschen Sie nicht danach, sondern *lassen Sie ihn fallen*. Machen Sie dann eine Pause. Atmen Sie tief durch, und stellen Sie sich klar und bildlich vor, wohin Sie Ihren Wurf plazieren wollen.

Überprüfen Sie Ihre Haltung, Ihr Gleichgewicht und Ihre Atmung; konzentrieren Sie sich darauf, den Ball jeweils mit

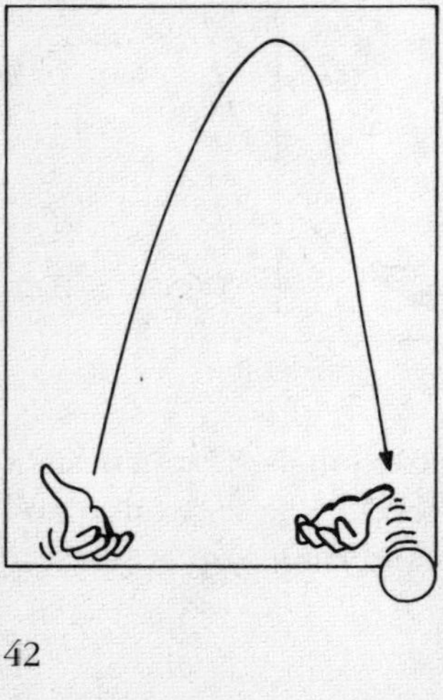

Werfen und
Fallenlassen eines Balles

möglichst geringem Energieaufwand zu werfen. Wenn Sie die Abläufe des Ein-Ball-Jonglierens einmal integriert haben, werden Sie mit der Zeit zu einem angenehmen Rhythmus finden.

Fokussieren Sie Ihre Augen vorsichtig. Die Leute fragen oft: »Wohin soll ich schauen? Worauf soll ich meine Augen fokussieren, während ich jongliere?« Fokussieren Sie Ihre Augen sanft auf den Scheitelpunkt der Flugbahn des Balles, also auf den entsprechenden Punkt der oberen Begrenzungslinie der Box. Das ermöglicht es Ihnen, in den peripheren Bereichen Ihres Gesichtsfeldes all jene Informationen aufzunehmen, die Sie brauchen, um richtig jonglieren zu können.

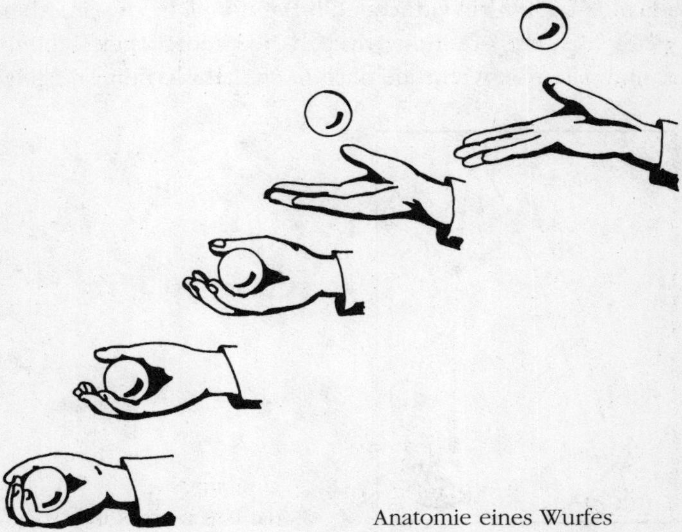

Anatomie eines Wurfes

Fokussieren Sie Ihre Augen sanft, und Ihre Hände werden automatisch die richtige Fangposition einnehmen. Es ist nicht nötig, daß Sie Ihre Hände ansehen, weil Ihr kinästhetisches Gefühl sie richtig positioniert.

Machen Sie sich um das Fangen keine Sorgen. Ist es Ihnen jemals passiert, daß jemand einen Gegenstand in Ihre Richtung warf und Sie ihn zu Ihrer Überraschung automatisch auffingen? Dieser Fangreflex ist eine natürliche Fähigkeit, die uns dann zu Hilfe kommt, wenn wir uns nicht absichtlich auf das Fangen konzentrieren. Achten Sie im Anfangsstadium des Jonglierens auf die Qualität Ihrer Würfe, und sorgen Sie sich nicht um das Fangen.

Zwei Bälle

Herzlichen Glückwunsch! Sie wissen jetzt alles, was Sie wissen müssen, um ein virtuoser Ein-Ball-Jongleur zu sein. Aber wenn Sie Ihre Freunde wirklich beeindrucken möchten, dann wollen Sie wahrscheinlich noch mehr lernen. Die gute

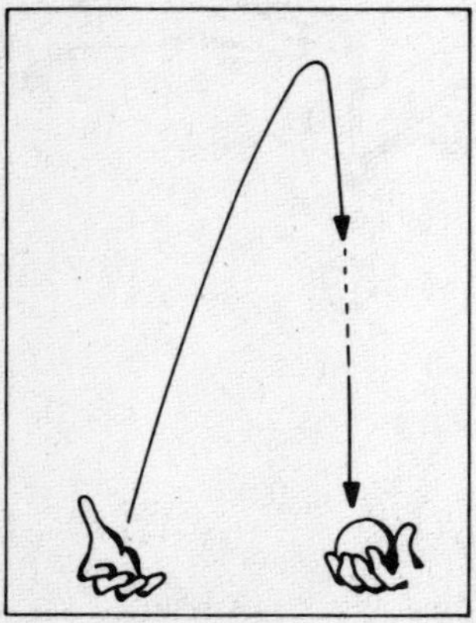

Einen Ball werfen und fangen

Nachricht lautet, daß Sie, um mit zwei oder drei Bällen jonglieren zu können, der Reihe nach genau dasselbe tun müssen, was Sie mit dem einen Ball getan haben. Die einfachen Schritte sind folgende:

Schritt eins: Zwei Bälle werfen und fallen lassen. Nehmen Sie in jede Hand einen Ball; wir wollen den Ball, der zuerst geworfen wird, »1« und den zweiten »2« nennen.
Werfen Sie Ball 1 zum richtigen Punkt in der oberen Ebene der Box, genau wie Sie es in der vorigen Übung (Ein-Ball-Jonglieren) getan haben. Wenn der erste Ball am Scheitelpunkt seiner Wurfbahn angelangt ist, werfen Sie Ball zwei an seine Position in der oberen Ebene der Box. Lassen Sie beide Bälle fallen. *Denken Sie nicht einmal daran, sie fangen zu wollen.* In diesem Stadium ist Erfolg Ihre Fähigkeit, die Bälle zeitlich versetzt an die obere Begrenzung der Box zu werfen und sie mit Schwung *fallen zu lassen.*
Wenn die Bälle in ihre jeweiligen Positionen an der Oberseite der Box geworfen wurden, werden sie zeitlich versetzt einige Zentimeter vor Ihren Füßen landen. Wir verlassen uns

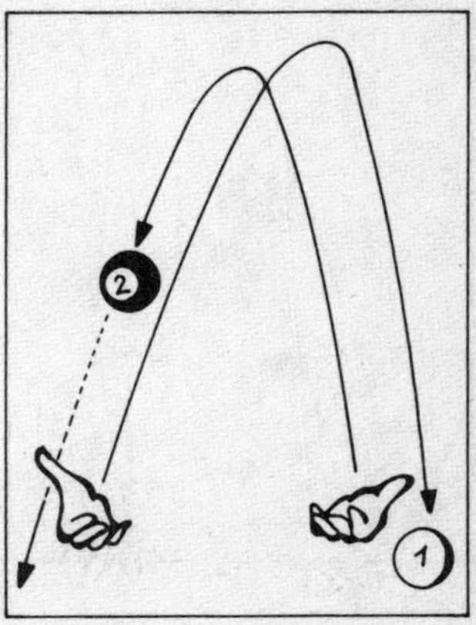

Zwei Bälle werfen und fangen

darauf, daß Sie es hundertprozentig schaffen, die Bälle *fallen zu lassen*.

Schritt zwei: Einen Ball auffangen. Der Erfolg in Schritt zwei ist davon abhängig, daß Sie sich selbst die folgenden gehirnkompatiblen Anweisungen geben: »Ich werde diese beiden Bälle nehmen und sie zeitlich versetzt in die oberste Ebene der Box werfen (wie in Schritt eins), und wenn der erste Ball zufällig in unmittelbarer Nähe meiner Hand landen sollte, werde ich mir erlauben, ihn zu fangen.« Üben Sie diesen Schritt, bis der erste Ball in Ihrer Hand zu landen beginnt. Denken Sie daran, daß Sie den zweiten Ball fallen lassen sollen.

Schritt drei: Erlauben Sie sich, beide Bälle zu fangen. Dieser Schritt ist identisch mit Schritt zwei; die einzige Erweiterung besteht darin, daß Sie sich gestatten, *beide* Bälle zu fangen. Sollten die Bälle nicht in unmittelbarer Nähe Ihrer Hände landen, lassen Sie sie fallen! Achten Sie darauf, daß Sie den zweiten Ball nicht einfach in der unteren Ebene der Box *her-*

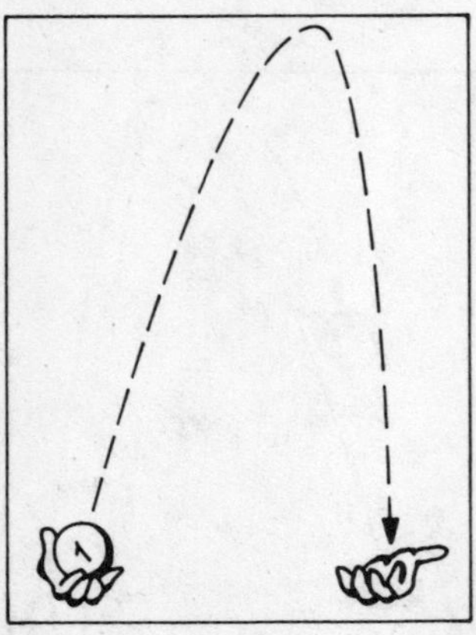

Ein Ball

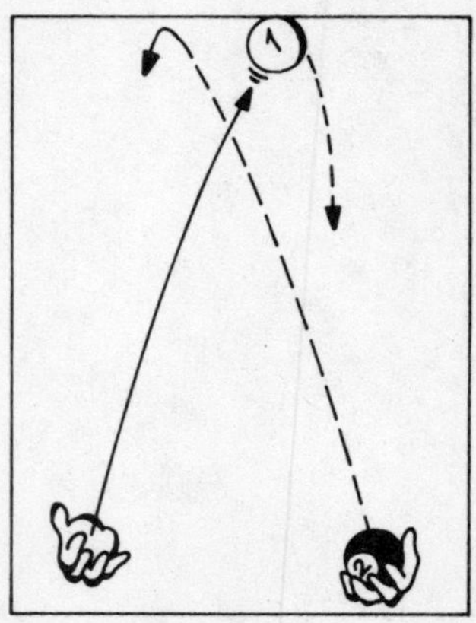

Zwei Bälle

überreichen. Werfen Sie jeden einzelnen Ball zeitlich versetzt zu seinem jeweiligen Punkt oben in der Box. Konzentrieren Sie sich völlig auf die Genauigkeit Ihres *Wurfes,* und kümmern Sie sich nicht um das Fangen.

Nachdem Sie zehn oder zwanzig Minuten lang mit zwei Bällen geübt haben, fangen Sie langsam an, mit drei Bällen zu jonglieren – auch wenn Sie das Zwei-Ball-Stadium noch nicht beherrschen. Viele unserer Schüler protestieren: »Wie soll ich drei schaffen, wenn ich doch mit zweien noch nicht zurechtkomme?« Wir sind der Meinung, daß Sie *dadurch, daß Sie sich über das Ihrer Meinung nach erreichte Kompetenzniveau hinaus fordern, die Weiterentwicklung Ihres Könnens beschleunigen.* Dieses generelle Lernprinzip ist auf den Sprung von einem zu zwei Bällen anwendbar. Nachdem Sie Ihr Glück mit drei Bällen versucht haben und sich über Ihre scheinbaren Grenzen hinaus angestrengt haben, wird Ihnen der Umgang mit zwei Bällen einfacher vorkommen. Und viele Menschen entdecken dann, daß ihnen der natürliche Rhythmus des Drei-Ball-Jonglierens leichter zu fallen beginnt als das Jonglieren mit zwei Bällen.

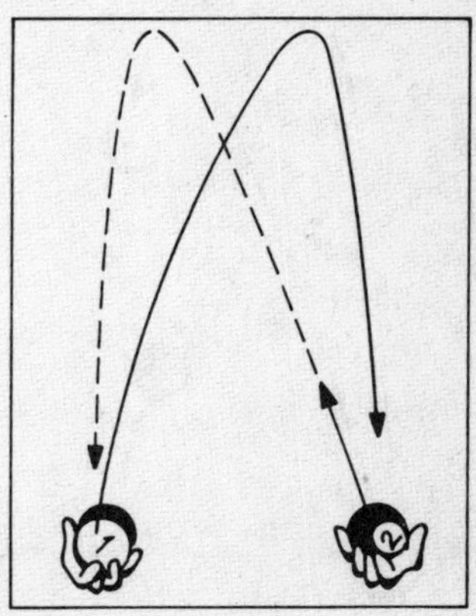

Bereit für drei Bälle

Schritt eins: Drei Bälle werfen und fangen. Nehmen Sie zwei Bälle in eine Hand und einen Ball in die andere. Die Hand mit zwei Bällen wird immer diejenige sein, mit der Sie beginnen.

(Wenn Sie mit Ihren Übungen fortfahren, versuchen Sie die Hand, mit der Sie beginnen, immer wieder zu wechseln. Beginnen Sie mit zwei Bällen in der einen Hand, und fangen Sie beim nächsten Mal mit zwei Bällen in der anderen an, um Ihre Beidseitigkeit zu fördern.) Nennen wir den ersten Ball in der Hand mit den zwei Bällen 1, den einen Ball in Ihrer anderen Hand 2 und den hinteren Ball (denjenigen, der sich näher an Ihrem Handgelenk befindet) in der Hand mit den zwei Bällen, der als letzter geworfen wird, Ball Nummer 3.

Üben Sie das Werfen der Bälle in einem fließenden Rhythmus, ohne sich dabei auch nur im geringsten um das Fangen zu sorgen. Konzentrieren Sie sich darauf, wohin Sie die Bälle befördern wollen (die Punkte oben in der Box), und genießen Sie es, sie fallen zu lassen. Beginnen Sie mit Ihrem

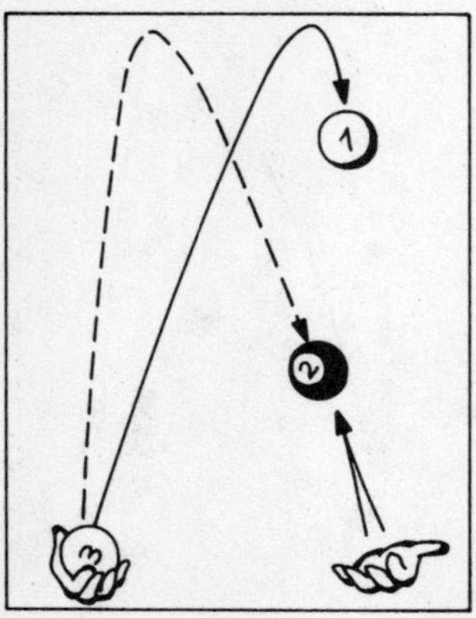

Drei-Ball-Jonglieren

Rhythmus zu experimentieren, bis Sie alle drei Bälle mit Schwung fallen lassen!

Schritt zwei: Drei Bälle werfen und einen davon fangen. Werfen Sie die drei Bälle wie in Schritt eins. Diesmal lassen Sie den ersten Ball in Ihrer anderen Hand landen. Lassen Sie die beiden anderen zu Boden fallen.

Schritt drei: Drei Bälle werfen, zwei fangen. Werfen Sie die drei Bälle wie in Schritt zwei und lassen Sie diesmal den *ersten und den zweiten* Ball (1 und 2) in Ihren Händen landen, den dritten Ball lassen Sie dagegen fallen. Sie werden feststellen, daß, wenn die zwei Bälle in Ihren Händen landen, nur noch ein Ball in der Luft ist … und mit einem Ball können Sie bereits jonglieren.

Schritt vier: Ihre erste Jonglierkür: Drei Bälle werfen und drei fangen. Werfen Sie die drei Bälle wie in den vorhergehenden Schritten, und fangen Sie dabei alle drei auf, wenn sie in die Nähe Ihrer Hände kommen.

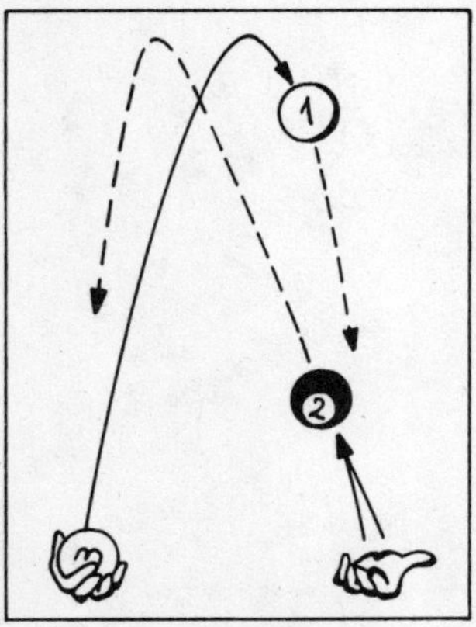

Start der Kaskade

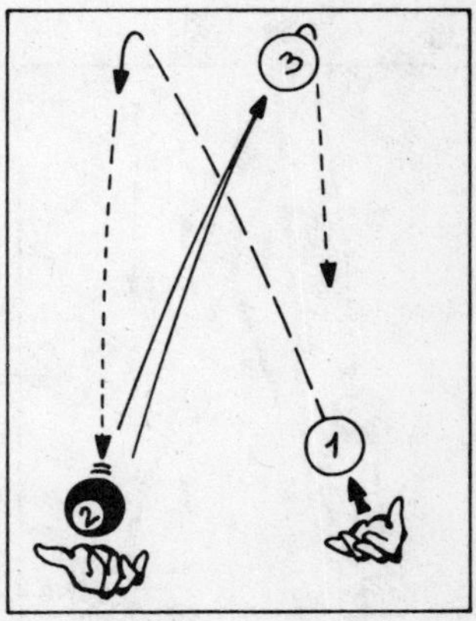

Kaskade

Wenn Sie dies geschafft haben – das Werfen und Fangen dreier Bälle –, ist Ihnen Ihre erste Jonglierkür gelungen. Das sollten Sie feiern!

Mehrfach-Jonglierküren

Um nach Ihrer ersten Jonglierkür weiterzumachen, brauchen Sie die Bälle nur einfach weiterhin zu werfen. Konzentrieren Sie Ihre Aufmerksamkeit auf das kontinuierliche *Werfen*, ohne sich dabei Sorgen um das Fangen zu machen. Bei Ihrem vierten Wurf wird wieder der Ball an der Reihe sein, mit dem Sie begonnen haben (1), aber diesmal werden Sie ihn mit der anderen Hand werfen, weil er nach Ihrem ersten Wurf dort gelandet ist. (Achten Sie darauf, daß dieser erste/vierte Ball eine andere Farbe hat, so daß Sie ihn sofort als den Ball identifizieren können, den Sie werfen müssen.)
In diesem Stadium ist es hilfreich, sich an das Bild der Box zurückzuerinnern und die Höhe, die Wurfbahn und die zeitliche Abstimmung Ihrer Würfe zu überprüfen. Prüfen Sie

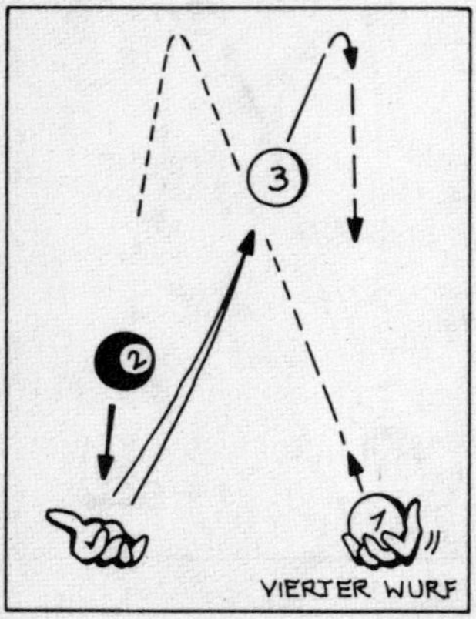

Vierter Wurf mit erstem Ball

auch, ob Sie Ihre Schultern nicht schon bis zu den Ohren hochgezogen haben und ob Sie frei atmen.
Jetzt geben Sie sich selbst einfach die Anweisung, zu »werfen, werfen, werfen, werfen ...« und die Bälle zu den Punkten oben in der Box zu dirigieren. Kümmern Sie sich nicht um das Fangen, und wenn Sie die Bälle fallen lassen, genießen Sie es. Versuchen Sie, einen fließenden, lockeren Rhythmus zu finden. Wenn Sie merken, daß Sie steckenbleiben oder sich frustriert zu fühlen beginnen, machen Sie eine Pause; atmen Sie tief, und machen Sie weiter. Wenn Sie immer noch »hängen«, kehren Sie für ein oder zwei Minuten zu einem früheren Stadium des Prozesses zurück (d. h. drei Bälle fallen lassen, zwei Bälle fallen lassen, Ein-Ball-Jonglieren usw.).
Experimentieren Sie beim Üben; hören Sie Musik, singen Sie, und tun Sie so, als ob Sie der beste Jongleur der Welt wären. Gönnen Sie sich Spaß. Der wichtigste Faktor, den Sie immer vor Augen haben müssen, ist die Konzentration auf die Qualität Ihrer Würfe und auf Ihre eigene Haltung. Je stärker sich Ihre Wurftechnik verbessert, desto öfter wird der Ball ganz von selbst in Ihren Händen landen.

Jonglieren mit Kurs auf die Unendlichkeit

Wenn wir gefragt werden, wie wir jonglieren gelernt haben, erzählen wir manchmal die Geschichte von jenem Tag, an dem wir eine Straße entlanggingen und plötzlich drei Bälle sahen, die sich in einem Unendlichkeitsmuster durch die Luft bewegten. Wir waren fasziniert, und diese Faszination hält bis heute an! Wir nennen diesen unendlich anmutigen Zustand, in dem das Jonglieren ganz von selbst zu passieren scheint, den »Jonglier-Fließzustand«.
Sie werden feststellen, daß Ihr Drei-Ball-Muster annähernd

einer waagrecht liegenden Acht ähnelt, dem Symbol der Unendlichkeit. Wir empfehlen Ihnen, sich die Fähigkeit, endlos jonglieren zu können, als höchstes Ziel zu setzen, um den Jonglier-Fließzustand zu erreichen.
Wenn Sie einmal Ihre erste Jonglierkür geschafft haben, wollen Sie sich vielleicht selbst eine Reihe gestaffelter Ziele setzen, die Sie schrittweise zum endlosen Jonglieren leiten. Wir empfehlen die folgenden:

- 4 präzise Würfe
- 5 präzise Würfe
- 6 präzise Würfe, 2 kontinuierliche Jonglierküren (Wenn Ihnen 6 Würfe – 2 Drei-Ball-Umläufe – gelingen, haben Sie die Grenzen des statischen Jonglierens überwunden und das Reich des Jonglier-Fließzustandes betreten.)
- 9 Würfe (3 komplette, kontinuierliche Jonglierküren)
- 21 Würfe (7 komplette kontinuierliche Jonglierküren)
- 100 Würfe (33,3 komplette kontinuierliche Jonglierküren)
- 1000 Würfe (333,3 komplette, kontinuierliche Jonglierküren)

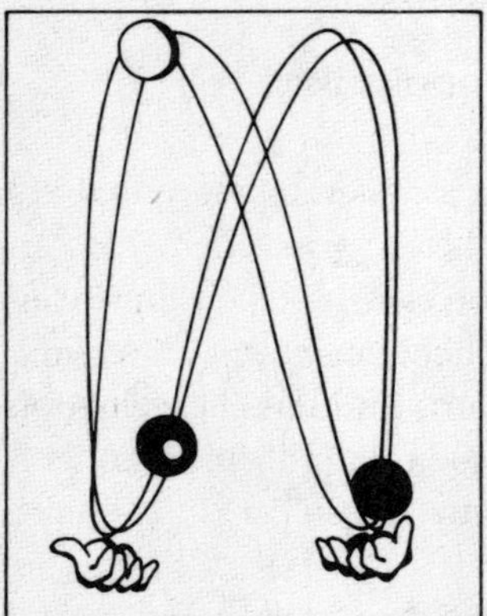

Räumliches
Unendlichkeitsmuster

An dieser Stelle läßt Ihre Lust, Ihre korrekten Würfe zu zählen, möglicherweise nach. Sie können sich statt dessen bestimmte Zeitspannen vornehmen, während deren Sie den Jonglier-Fließzustand aufrechterhalten wollen (d. h. 30 Sekunden, eine Minute, fünf Minuten und dann jedes beliebige Marathonziel, das Sie sich vornehmen).

Sie können Ihren »Jonglierpuls« ermitteln, indem Sie genau eine Minute lang jonglieren und die Anzahl der kompletten, kontinuierlichen Jonglierküren (KKJ) zählen, die Sie geschafft haben. Auf diese Weise bekommen Sie eine Ahnung davon, wie viele KKJs Sie während der Zeiten schaffen, in denen Sie sich im Jonglier-Fließzustand befinden. Zum Zeitpunkt des erstmaligen Erscheinens dieses Buches* lag der Weltrekord bei zwei Stunden und 58 Minuten. Wenn Sie diesen Rekord zu überbieten beabsichtigen, konzentrieren Sie sich auf die Qualität und das Fließen des Jonglierprozesses.

Für jene, die sich ein formaleres Meßsystem wünschen, haben wir die Meilensteine zur Endlosigkeit ausgewählt: Das Meisterjongleur-System im Anhang, das Ihnen helfen wird, Ihre Fortschritte in Richtung des schwarzen Jongleurgürtels zu messen.

Abweichungen vom geraden Weg: Die klassischen Schwierigkeiten

In jedem Stadium des Jonglier-Lernprozesses werden Sie auf Schwierigkeiten stoßen, die es Ihnen wirklich schwermachen, den Jonglier-Fließzustand aufrechtzuerhalten. Hier einige klassische Probleme:

* Anm. d. Ü.: 1994

1. Kollidierende Bälle

Problem: Die Bälle stoßen gegeneinander.

Lösung: Obwohl Sie, wenn Sie sich bereits zu den Fortgeschrittenen zählen können, das Gegeneinanderschlagen der Bälle möglicherweise als Trick in Ihre Vorführungen integrieren werden, müssen Sie etwas unternehmen, wenn dies ungewollt passiert.

Wenn Bälle kollidieren, liegt das an der zu engen Wurfbahn (das heißt, die Bälle werden zu steil nach oben geworfen) oder daran, daß der zweite Ball schon geworfen wird, noch bevor der erste den höchsten Punkt seiner Bahn erreicht hat (das heißt, der zweite Ball wird zu früh geworfen).

Um für die richtige Wurfbahn zu sorgen, sollten Sie Ihre Würfe überprüfen, um sicherzustellen, daß der erste Ball (1) an die richtige Stelle oben in der Box geworfen wird und daß der zweite Ball (2) an den richtigen Punkt oben in der Box geworfen wird, und zwar so, daß er *sich unter der Bahn des ersten Balles hindurchbewegt.*

Um ein zu frühes Werfen zu vermeiden, warten Sie, bis der

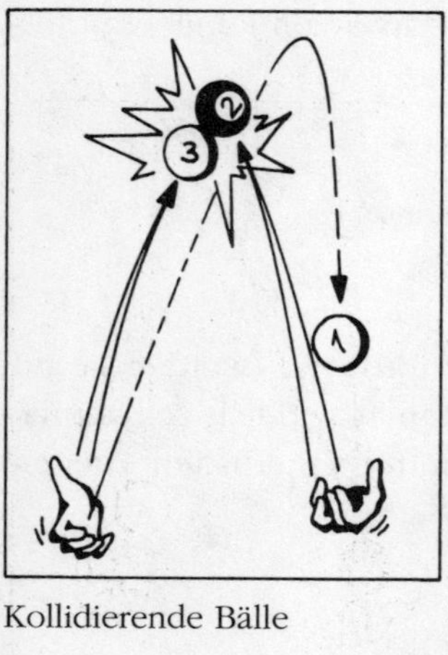

Kollidierende Bälle

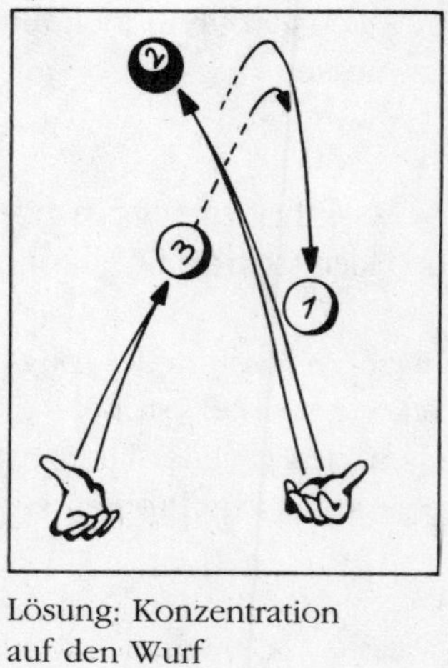

Lösung: Konzentration auf den Wurf

erste Ball am höchsten Punkt angelangt ist, und geben *erst dann* den zweiten Ball frei.

2. Ballübernehmen statt Kaskadenwerfen

Problem: Ballübernehmen ist das direkte Übernehmen des Balles von einer Hand in die andere (in der unteren Ebene der Box).

Das Ballübernehmen ist ein Standard-Jongliermuster. Es verstärkt jedoch tendenziell die Körperasymmetrie und schränkt Ihre Freiheit und Flexibilität beim Jonglieren ein. Aus diesen Gründen ist diese Technik nicht angezeigt, bevor Sie die Drei-Ball-Kaskade beherrschen.

Lösung: Werfen Sie den ersten Ball zum oberen Rand der Box, und lassen Sie ihn fallen. Machen Sie einen Moment Pause. Visualisieren Sie, wohin Sie den zweiten Wurf plazieren wollen. Wenn Sie zuversichtlich sind, daß Sie den zweiten Ball an den richtigen Punkt werfen können, tun Sie es. Wenn Sie es schaffen, die Bälle mit der zwischengeschalteten Pause richtig zu werfen, verkürzen Sie die Zeit zwischen den Würfen, bis Sie diese Herausforderung gemeistert haben.

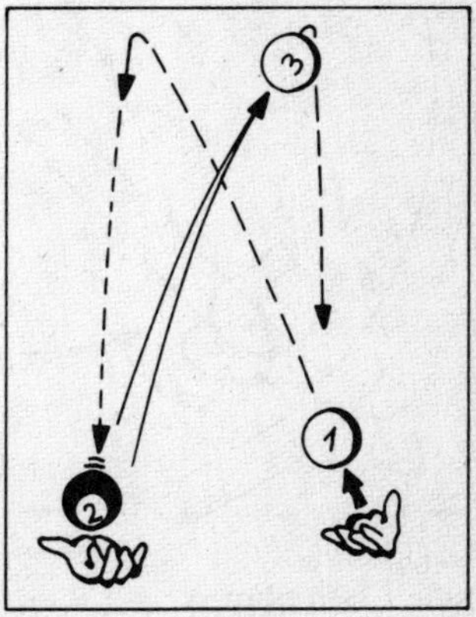

Kaskadenwerfen

3. Asymmetrisches Werfen

Problem: Eine Hand scheint »ihren eigenen Kopf« zu haben (normalerweise Ihre nicht dominante Hand) und wirft ständig die Bälle aus der Box und aus der Reichweite Ihrer anderen Hand.

Lösung: Beobachten Sie den Kraftaufwand und die Richtung Ihrer falschen Würfe. Konzentrieren Sie sich stärker und genauer auf die Grunddimensionen der Box und auf die Stellen im Raum, an die Sie die Bälle werfen wollen.

Wenn das Problem weiter bestehenbleibt, kehren Sie für ein paar Minuten zur Ein-Ball-Technik zurück; konzentrieren Sie sich dabei auf die Symmetrie Ihrer Würfe. Das wird sich schließlich auch auf Ihr Drei-Ball-Jonglieren auswirken.

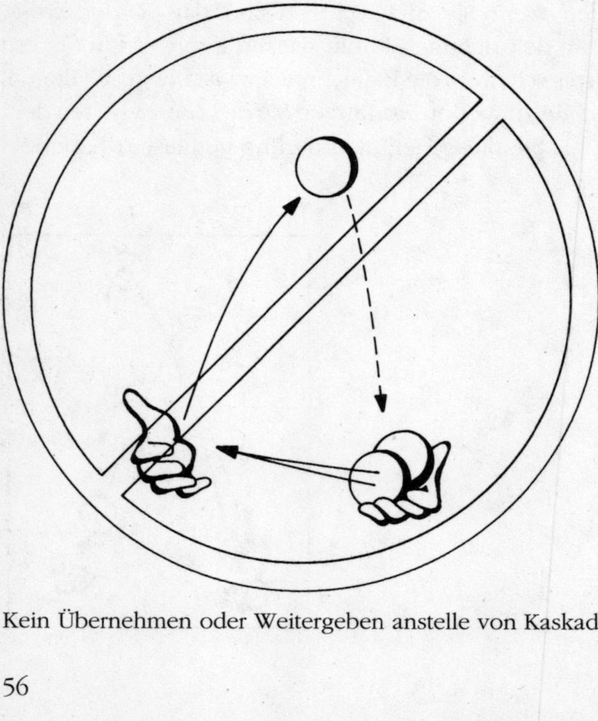

Kein Übernehmen oder Weitergeben anstelle von Kaskaden

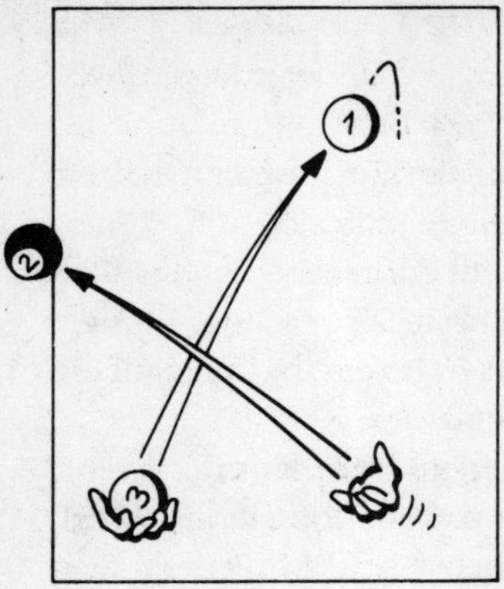

Asymmetrisches Werfen

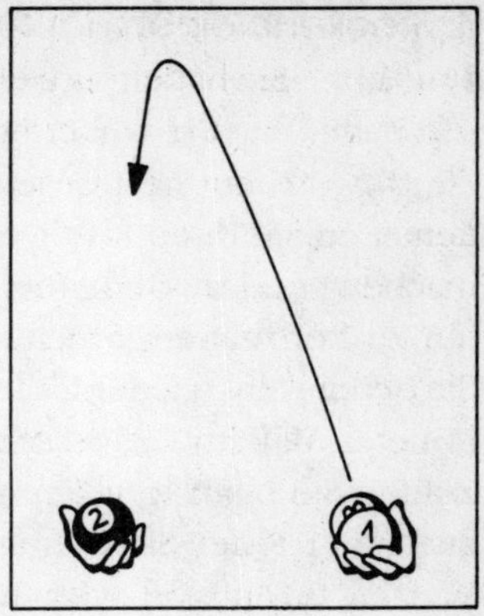

Lösung: Mit der
anderen Hand beginnen

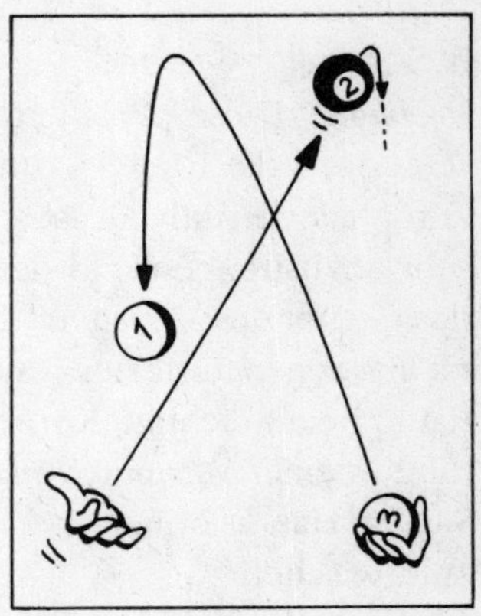

Mit der anderen Hand beginnen

4. Steckenbleiben nach der ersten Jonglierkür

Problem: Sie haben Ihre erste Jonglierkür beendet und wissen nicht, wie Sie weitermachen sollen.

Lösung: Wenn Sie Ihre erste Jonglierkür geschafft haben, genießen Sie Ihren Erfolg und bereiten Sie sich aufs Weitermachen vor. Das Geheimnis besteht darin, sich auf das Werfen zu konzentrieren. Um Fortschritte zu machen, müssen Sie bereit sein, wieder Bälle fallen zu lassen und sich auf ein höheres Maß an Chaos einzulassen.

Zählen Sie beim Jonglieren bei jedem Wurf laut mit – eins, zwei, drei. Rufen Sie während der zweiten Jonglierkür »Wurf, Wurf, Wurf« anstatt »vier, fünf, sechs«, und bei jedem Wort werfen Sie einen Ball. Konzentrieren Sie sich auf das Werfen, und genießen Sie den Prozeß des Werfens, Fallenlassens oder Fangens der Bälle.

5. Schneller werden

Problem: Dieses Problem entsteht oft durch ein Mißverständnis – die Überzeugung, daß Jonglieren eine schnelle, komplizierte Aktivität ist. Das verleitet einen dazu, sich zu sehr anzustrengen und den Erfolgen hinterherzujagen, um das Gefühl des Versagens zu vermeiden. Dabei kommt man oft aus dem natürlichen Rhythmus, was den Sinn für Zeit und Raum beeinträchtigt. Körperlich manifestiert sich diese Haltung in einer Verminderung Ihrer Wurfhöhe und darin, daß Sie die Hände höher und höher heben, um die Bälle noch zu erwischen.

Lösung: Konzentrieren Sie sich darauf, die Bälle in die *oberste* Ebene der Box zu werfen und dabei Ihre Hände *ganz unten* in der Box zu belassen. Um das richtige Gefühl für Zeit und Dimension zu entwickeln, finden Sie es vielleicht hilfreich, sich vorzustellen, Sie würden unter Wasser oder am Mond jonglieren.

Atmen Sie tief aus, werfen Sie die Bälle ganz besonders

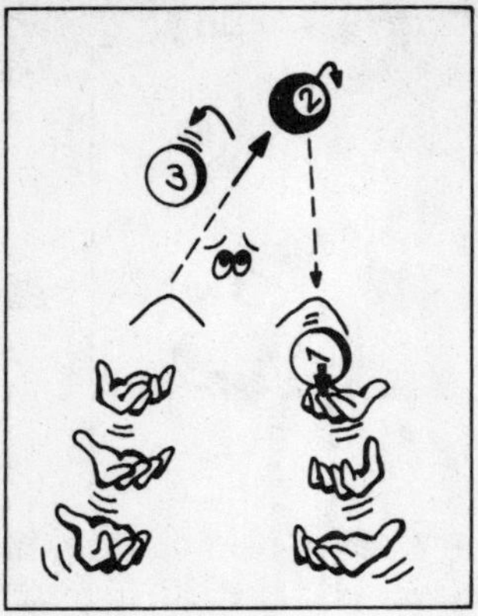

Schneller werden

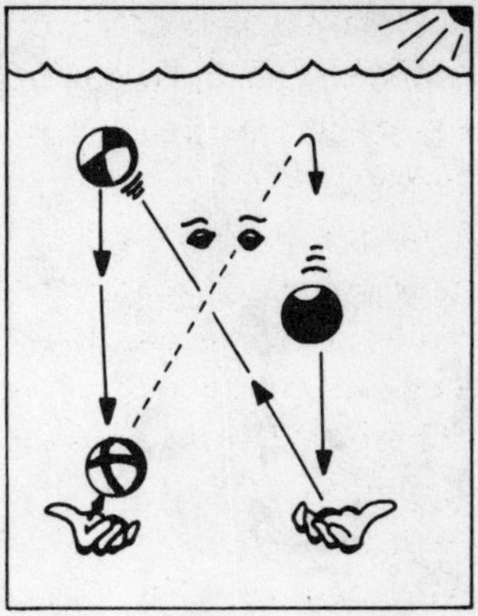

Lösung: Unter Wasser

hoch, und lassen Sie sie auf sich zukommen. Denken Sie daran: Wenn Sie sich auf das Werfen und auf Ihr eigenes Gleichgewicht konzentrieren, werden die Bälle immer an derselben Stelle landen, und Sie werden genug Zeit und Platz haben.

6. Sich von den Bällen vorwärtstreiben lassen

Problem: Sie haben den brennenden Wunsch, jeden Ball zu fangen, was sich in exzessivem Strecken nach den Bällen, in Haschen und Springen äußert, begleitet von körperlicher Anspannung und allgemeiner Erschöpfung. Dieses Problem hat seine Ursache in dem Bedürfnis, zu einem zu frühen Zeitpunkt nach Ergebnissen zu jagen (fangen), anstatt auf den Prozeß zu achten (werfen, atmen).

Lösung: Bleiben Sie, wo Sie sind, und lassen Sie die Bälle ruhig fallen, wenn sie nicht praktisch von selbst in Ihren Händen landen. Es ist wichtig, daß Sie mit den Bällen jonglieren und *nicht umgekehrt!* Wenn Sie sich während des Jonglierens frontal vor eine Wand stellen, wird Sie das davon

Sich von den Bällen vorwärts treiben lassen

Sich vor eine Wand stellen

abhalten, vorwärts zu hüpfen. Sie können beim Üben auch rückwärts gehen und so Ihrer Gewohnheit entgegenwirken, vorwärts zu marschieren.

Am wichtigsten ist jedoch, daß Sie Ihre Aufmerksamkeit primär auf die Qualität und die Richtung Ihrer Würfe innerhalb der Box und auf den Einklang zwischen Ihrem Körper und Geist konzentrieren.

Ihnen ist sicherlich aufgefallen, daß viele dieser Probleme Stabilitätszustände und Rückschritte in Ihrer individuellen Lernkurve repräsentieren. Seien Sie versichert, daß diese Teil des Lernprozesses sind und daß Sie, wenn Sie sich an die Prinzipien aus *Die Kunst des Jonglierens* halten, unweigerlich Erfolg haben werden.

Leitfaden für die praktische Umsetzung

1. Wie wir zu Beginn dieses Kapitels erwähnt haben, sagte Michaels erster Jonglierlehrer, Michael solle drei Bälle neh-

men, sie hochwerfen und »keinen davon fallen lassen«. Indem er die Aufgabe so kompliziert machte, garantierte er buchstäblich, daß der Lernprozeß mit einer Serie entmutigender Mißerfolge begann. Wir empfehlen dagegen, jede Lernerfahrung mit einer Reihe motivierender Erfolge beginnen zu lassen! Nähern Sie sich einer neuen Aufgabe, indem Sie sie in einfache, leicht zu bewältigende Schritte unterteilen. Dieser Ansatz erlaubt es Ihnen, auf eine Reihe kleiner Erfolge aufzubauen. Jeder kleine Erfolg läßt Ihr Selbstvertrauen wachsen, und wachsendes Selbstvertrauen fördert weitere Erfolge.

2. Wenn Sie keine Fehler machen, dann lernen Sie nicht wirklich. Um jonglieren zu lernen, müssen Sie willens sein, die Bälle fallen zu lassen. Seien Sie auf unvermeidbare Fehler (beispielsweise das Fallenlassen der Bälle) vorbereitet, und betrachten Sie sie unter einem neuen Blickwinkel, nämlich als integrale Bestandteile des Lernprozesses. Fehler als wichtige Elemente des Lernprozesses anzuerkennen läßt Sie schneller lernen und mehr Spaß am Lernen haben.
3. Ob es um Jonglieren geht oder um irgendeine andere Lernaufgabe – Sie können den Lernprozeß beschleunigen, indem Sie mit einer intensiven Übungsrunde beginnen. Lernen ist mit dem Flug einer Rakete vergleichbar: Der Löwenanteil der Energie wird während des Starts verbraucht. Wenn Sie beispielsweise eine Sprache lernen wollen, werden Sie feststellen, daß, wenn Sie mit ein paar Tagen intensiven Übens beginnen, all Ihre nachfolgenden Anstrengungen von mehr Erfolg gekrönt sein werden.
4. Sobald Sie Ihr neues Unternehmen gestartet haben, sollten Sie versuchen, herauszufinden, zu welchen Tageszeiten Sie am besten lernen. Manche Menschen lernen am besten ganz früh am Morgen, andere dagegen unmittelbar vor dem Schlafengehen. Experimentieren Sie mit Ihrem Lern-

biorhythmus, und entwickeln Sie einen ihm entsprechenden konsequenten Übungszeitplan.

5. Ob kurz vor einer Pause oder am Ende einer Übungssitzung: Enden Sie mit einem Höhepunkt. Wir kennen keinen einzigen Basketballspieler, der das Feld verläßt, ohne zuvor noch einen letzten Korb geworfen zu haben. Basketballspieler scheinen die Wichtigkeit eines positiven »Recency-Effekts«* instinktiv zu verstehen. Der Recency-Effekt ist ein Phänomen, das von Psychologen entdeckt wurde. Dieser Begriff bedeutet, daß Sie Dinge, die am Ende einer Lernsitzung passieren, wahrscheinlich behalten werden. Wenn Sie mit einem Glanzlicht enden, werden Sie sich bis zur nächsten Übungssitzung am stärksten an einen Erfolg erinnern. Dies wird Ihnen helfen, das Selbstvertrauen zu entwickeln, das einen positiven Lernzyklus ermöglicht.
6. Kultivieren Sie Ihre Objektivität: Sehen Sie sich beim Jonglieren oder bei allem anderen, das Sie lernen wollen, zu, als ob Sie ein außenstehender Beobachter wären. Stellen Sie sich vor, Sie seien ein Wissenschaftler von einem anderen Planeten, der gekommen ist, um den Lernprozeß der Menschen zu studieren, und *Sie* seien das Forschungsobjekt!
7. Legen Sie kurze Pausen beim Jonglieren ein.
   Diese Pausen erlauben Ihnen, Ihre neuesten Lernerfahrungen mental und physisch zu verarbeiten.
   Machen Sie kurze Jonglierpausen zu einem festen Bestandteil Ihres Arbeitstages. Eine gute Lösung sind sechzig Minuten Arbeit, gefolgt von fünf bis zehn Minuten Jonglieren. Abgesehen davon, daß Ihre Jonglierkünste sich verbessern werden, können diese Pausen Ihnen auch helfen,

* Anm.: recency (engl.) bedeutet Neuheit

Ihrer Arbeit gegenüber eine Haltung entspannter Konzentration zu entwickeln.

In unseren Jonglierkursen beginnen wir immer mit einer Vorführung, mit der wir den Schülern ein Vorbild geben wollen. Im nächsten Kapitel werden wir untersuchen, wie wichtig Modelle für herausragende Leistungen sind, und wir werden uns außerdem mit einem Ansatz beschäftigen, der Ihnen helfen kann, *selbst* solch ein Modell zu werden.

Teil II

Der Weg zur Perfektion

3 Meisterschaft durch Osmose

Die Qualität eines Menschen steht in direktem Verhältnis zu seinem Bekenntnis zu Spitzenleistungen, ganz egal, um welches Gebiet es dabei geht.

Vince Lombardi

Am Anfang seiner Karriere als Jongleur übte Michael einige Zeit lang, ohne wirklich merkbare Fortschritte zu machen. Eines Tages begegnete ihm während eines Spazierganges im Park zufällig eine Gruppe professioneller Jongleure, und er verbrachte Stunden damit, sie zu beobachten. Am nächsten Tag stellte er fest, daß er wie durch Zauberei plötzlich viele der Tricks beherrschte, die er gesehen hatte und an denen er noch vor wenigen Tagen gescheitert war – es schien ihm beinahe, als ob er die Tricks durch Osmose absorbiert hätte. Damals verstand er das Phänomen nicht vollständig, aber jetzt hat er – und haben wir – es erfaßt. Das folgende Kapitel wird Ihnen zeigen, wie Sie dieses Lernen durch Osmose bewußt steuern können.

Modelle für herausragende Leistungen

1. Jonglieren vor dem geistigen Auge. Jeder Lernprozeß und jede neue Aktivität, zu der Sie sich entschließen, sei es Jonglieren, Sport, Wissenschaft oder irgend etwas anderes, beginnt mit der Entwicklung eines ersten geistigen Bildes oder Zieles. Wenn Sie Ski laufen wollen, beginnen Sie mit einem inneren Bild, auf dem Sie sich sehen, wie Sie einen ver-

schneiten Abhang hinunterrutschen. Wenn Sie tauchen lernen wollen, sehen Sie sich unter Wasser. Wenn Sie vorhaben, zu heiraten, dann stellen Sie sich vor, wie Sie und Ihr Partner für immer glücklich miteinander leben werden.
Sie haben sich dieses Buch wahrscheinlich ausgesucht, weil Sie lernen wollen, wie man lernt und wie man jongliert. Wenn Sie noch nie zuvor jongliert haben, werden Sie aller Wahrscheinlichkeit nach zu Beginn ein vages Bild vom Jonglieren haben, sich vielleicht vorstellen, wie Ihre Hände Bälle oder andere Objekte zum Tanzen bringen. Wenn Sie die Übungen im vorhergehenden Kapitel gemacht haben, ist Ihr geistiges Bild vom Jonglieren klarer und vollständiger geworden. Wenn Sie weiterüben und -lernen, wird sich Ihr inneres Bild stetig weiterentwickeln.
Wenn Ihr geistiges Bild sich so entwickelt, wird es mit der Zeit auch andere sinnliche Wahrnehmungen – Tastempfindungen, Geräusche und kinästhetische Bewegungen – einschließen. Um den Lernprozeß zu beschleunigen, sollten Sie sich zu Beginn all Ihrer Lernaktivitäten multidimensionale, mit verschiedenen sinnlichen Wahrnehmungen ausgestattete (multisensorische) Modelle für herausragende Leistungen suchen, und das sollten Sie auch jetzt tun, zu Beginn Ihrer Karriere als Jongleur.
Entenküken lernen zu überleben, indem sie ihre Mütter imitieren. Lernen durch Nachahmung ist für viele Spezies ein sehr wesentlicher Faktor, unter anderem auch für den Menschen. Wenn wir erwachsen werden, haben wir einen einzigartigen Vorteil: Wir können frei entscheiden, wen und was wir imitieren wollen. Wir können uns auch bewußt neue Modelle wählen, durch die andere, bisher von uns nachgeahmte, nicht länger existierende Vorbilder ersetzt werden.
Weil der Lernprozeß mit der Entwicklung eines geistigen Bildes beginnt, können Sie sich ebensogut gleich das beste aussuchen. Wenn Sie ein herausragender Jongleur werden wol-

len, verwenden Sie soviel Zeit wie möglich darauf, große Jongleure zu beobachten. Wenn Sie ein berühmter Tennisspieler werden wollen, sehen Sie den besten Tenniscracks zu. Wenn Sie eine Führungskraft werden wollen, studieren Sie erfolgreiche Führungskräfte.

Welche Disziplin Sie sich auch ausgesucht haben – werden Sie zum aufmerksamen Beobachter jedes kleinen Details herausragender Rollenmodelle. Nutzen Sie jede Gelegenheit, Menschen zu beobachten, die Meister ihres Faches sind. Diese Modelle für Spitzenleistungen werden Sie inspirieren und leiten, so daß es Ihnen gelingt, Ihr Potential wirklich voll und ganz auszuschöpfen.

Der gesunde Menschenverstand sagt uns, daß wir uns, um erfolgreich zu sein, Ziele setzen müssen – wir müssen eine Vision entwickeln. Wählen Sie sich entwicklungsfähige Modellbeispiele für herausragende Leistungen aus, die Ihnen helfen, Ihre Ziele zu definieren und Visionen zu entwickeln.

2. Die Qualitäten herausragender Leistungen. Wie können Sie Spitzenleistungen erkennen, wenn Sie sie sehen? Wie können Sie das Gute vom Ausgezeichneten unterscheiden? Wenn Sie nach Modellen für herausragende Leistungen in irgendeiner Disziplin suchen, achten Sie auf folgende Qualitäten:

Angemessene Anstrengung/Mühelosigkeit. Katzen, Handwerksmeister und viele Sportchampions sind hervorragende Beispiele für scheinbar mühelose Bewegungen. Es geht darum, das richtige Quantum an Energie am richtigen Ort und zur richtigen Zeit einzusetzen, oder – anders ausgedrückt – es geht um die Vermeidung von Energieverschwendung und um ökonomische Bewegungen.

Denken Sie nur an das scheinbar mühelose, anmutige Klavierspiel Rubinsteins, an Fred Astaire, wie er über die

Tanzfläche glitt, Muhammad Ali (in seinen besten Zeiten) trotz seiner 225 Pfund beweglich wie ein Schmetterling, Pete Sampras, wie er Wimbledon gewann, und Florence Griffith Joyner (Flo Jo), als sie neuen Weltrekorden entgegenflog.

Flo Jos Lächeln, während sie im Begriff war, olympisches Gold zu erringen und gleichzeitig den Weltrekord zu brechen, war ein wunderbares Beispiel für perfekte Harmonie zwischen Körper und Geist. »Bei ihr sieht alles so spielerisch einfach aus!« rief der Kommentator. Solche Leistungen sind perfekte Beispiele für angemessene Anstrengungen, sie sind die natürliche Ausdrucksform des menschlichen Körpers, der seiner Bestimmung gemäß gefordert wird.

Bekenntnis zu kontinuierlichem Lernen. Auf seinem Totenbett malte Pierre-Auguste Renoir das Bild einer Blume. Als er starb, murmelte er versonnen: »Ich glaube, langsam fange ich an, etwas davon [Kunst] zu verstehen.« Renoir besaß die charakteristischste Eigenschaft aller wahren Meister: das Bekenntnis zu lebenslangem Lernen.

Ob sie üben oder trainieren, Wettkämpfe bestreiten oder sich schöpferisch betätigen – wahre Meister lernen aus jedem Aspekt ihres Handelns; sie gewinnen Information gleichermaßen aus ihren Erfolgen, aus »Plateaus«* und aus Mißerfolgen. Dieses Bekenntnis zu kontinuierlicher Verbesserung ist der Schlüssel zu persönlichen Bestleistungen. Es ist aber auch für den Erfolg von Organisationen essentiell.

Hohe Standards und persönliche Verantwortung: Es gibt ein japanisches Sprichwort, das lautet: »Wenn du 95 Prozent des Weges zurückgelegt hast, hast du dein Ziel erst zur Hälfte erreicht.« Der Wille, auch die letzten 5 Prozent

* Plateau: zeitweiliger Zustand der Stabilität in einer Aufwärtsentwicklung

hinter sich zu bringen, unterscheidet die Guten von den Besten. Wie Somerset Maugham sagte: »Das Leben ist eine eigenartige Sache; wenn du dich weigerst, irgend etwas anderes zu akzeptieren als das Allerbeste, dann bekommst du dieses Allerbeste oft auch.« Champions verlangen das Maximum von sich selbst und suchen nicht nach Ausflüchten. Sie übernehmen die volle Verantwortung für die Ergebnisse, die sie erzielen.

Freude an der Sache und des Einsseins. Meister ihres Faches sind nicht nur souverän und gewandt, sondern sie haben meist auch große Freude an dem, was sie tun, und geben sich ganz hin, egal wie sehr sie sich abmühen müssen. Große Künstler, Musiker und Sportler gehen völlig in ihren Werken und Erfolgen auf. Sie berichten von einem Gefühl der Zeitlosigkeit und des Einsseins mit ihrer Aktivität, einem Zustand, der als »Ekstase« bezeichnet werden kann.

Einsatz und Disziplin. Wahre Meisterschaft läßt sich nur durch totalen Einsatz und konsequente Disziplin erreichen. Disziplin bedeutet keineswegs eine gedankenlose, mechanische, grimmige und verkrampfte Einstellung zum Lernen, sondern vielmehr ein organisiertes, intelligentes, waches, konsequentes, begeistertes, unnachgiebiges und entschlossenes Herangehen an einen Prozeß, der in der Verwirklichung eines Zieles mündet.

In all den Jahren, in denen wir nun Techniken für schnelleres Lernen unterrichten, haben wir viele Möglichkeiten entdeckt, den Lernprozeß zu beschleunigen und angenehmer zu machen. Gleichwohl ist unser Respekt vor den traditionellen Werten Beharrlichkeit, Engagement und Disziplin gewachsen. Für jeden wirklichen Erfolg ist disziplinierte Übung äußerst wichtig.

Also: Was bewirkt Übung? Perfektion? Nicht notwendigerweise! Der ausschlaggebende Faktor ist Übung auf höchstem Niveau. Der legendäre amerikanische Footballcoach Vince Lombardi drückte es folgendermaßen aus: »Training macht nicht perfekt. Perfektes Training macht perfekt!« Dieser Ausspruch macht deutlich, daß kontinuierliche Übung, die sich an einem inadäquaten Modell orientiert, Sie in Ihren Bestrebungen beträchtlich behindern kann. Ein Gefühl für die Wahl der *richtigen* Modelle und die maßgeblichen Erfolgsfaktoren ist der Schlüssel zur Perfektionierung Ihrer Übungsroutinen. Sehen wir uns nun zunächst an, wie wir diese Modelle nutzen können.

Wie man richtig sieht

Wenn Sie das Optimum aus Ihrem Studium vorbildlicher Modelle herausholen wollen, ist es wesentlich, zwei Arten der Wahrnehmung zu integrieren: die fokussiert-analytische und die offen-rezeptive.

1. Fokussiert-analytisch. Beobachten und analysieren Sie hierbei die technischen Elemente der Leistungen Ihrer Vorbilder. Studieren Sie in allen Einzelheiten, wie sich ihre Disziplin manifestiert, und achten Sie sowohl auf die Dinge, die sie tun, als auch auf das, was sie nicht tun.

2. Offen-rezeptiv. Beobachten Sie bei dieser Herangehensweise die Meisterleistungen mit den Augen eines Kindes. Sie brauchen sie nicht zu analysieren; nehmen Sie einfach das ganze Bild mit allen Sinnen auf, und stellen Sie sich vor, wie die Qualität der Meisterschaft Ihren Körper und Geist ganz durchdringt und Teil Ihres eigenen Wesens wird. Sie können diese Art des Sehens und Beobachtens als Nahrung für Ihr Gehirn betrachten.

Nehmen wir an, Sie hätten die Gelegenheit, ein paar Stunden lang den besten Jongleur der Welt zu beobachten. Wie können Sie das Optimum aus dieser Zeit herausholen? Beginnen Sie, indem Sie spezifische Elemente der Technik des Jongleurs studieren (fokussiert-analytisch); achten Sie auf die Stellung der Ellenbogen und Hände, Körperhaltung, Gesichtsausdruck und Atemrhythmus, auf die Höhe der Würfe, die Wurfbahn und so weiter. Während Sie beobachten, was der Jongleur tut, lernen Sie auch, was er *nicht* tut: die Schultern hochziehen, den Atem anhalten. Wechseln Sie dann in den offen-rezeptiven Modus: Beobachten Sie das Gesamtbild, das Ihr Meisterjongleur bietet. Ihr Körper kann sich ruhig im Rhythmus des Jongleurs bewegen, während Sie zusehen. Hören Sie auch auf die Jongliergeräusche, und integrieren Sie sie in Ihr Gesamtgefühl.

Videos von Experten

Natürlich ist es kaum möglich, immer einen Meisterjongleur in Reichweite zu haben, solange Sie selbst noch keiner sind. Einstweilen können Sie Ihr Vorbild aufbauen, indem Sie sich Videobänder ansehen. Machen Sie sich auf die Suche nach Videos der größten Meister auf Ihrem gewählten Gebiet (Sie können Bänder leihen, kaufen oder selbst aufnehmen). Setzen Sie regelmäßig beide Arten des Sehens ein – vertiefen Sie sich in die Bilder von Spitzenleistungen; sie sind »Nahrung« für Ihr Vorstellungsvermögen!

Ein interessantes Beispiel für dieses unbewußt ablaufende Phänomen stellt die Fernsehübertragung des alljährlich in England stattfindenden Tennisturniers von Wimbledon dar. Tennistrainer im ganzen Land konstatieren während der auf das Turnier folgenden Wochen eine deutliche Leistungssteigerung ihrer Schüler und Clubmitglieder. Jetzt wissen wir, wie wir diesen »Wimbledon-Effekt« bewußt nutzen können.

Früher pflegten sich Sportteams – sowohl Collegeteams als auch Profispieler – Filme von Spielen anzusehen und alle Fehler der Spieler aufzuzeigen. Diese Praxis ist zwar auch heute noch üblich, aber die Teams haben sie um eine zusätzliche Dimension erweitert: Jetzt sehen sie sich die Bänder der Spiele an und achten darauf, wann die Spieler etwas richtig machen. Die Spieler werden dazu ermutigt, sich Filme von Spielen ihrer Disziplin anzusehen und dabei die Szenen, in denen jemand etwas besonders gut macht, wieder und wieder abzuspielen, um sich das Bild dieser Höchstleistungen auf körperlicher und geistiger Ebene einzuprägen.

Visualisierung

Ihr Gehirn ist der großartigste Audio-Video-Produzent der Welt; es kann bei weitem mehr Filme und Shows produzieren, als jemals in Hollywood gedreht wurden! Die wirklich Großen haben diese »interne Videokapazität« immer genutzt, um die Ziele zu erreichen, die sie sich gesetzt hatten. Es ist eine Fähigkeit, die jeder besitzt, ein Potential, das nur darauf wartet, ausgeschöpft zu werden.

Um den vollen Nutzen aus den Bildern von Spitzenleistungen ziehen zu können, die Ihr Vorstellungsvermögen beflügeln, können Sie Ihre synästhetische (all Ihre Sinne umfassende) Vorstellungskraft einsetzen, um Ihre eigenen, internen Videosequenzen zu kreieren, in denen *Sie* der Star sind. Wichtig ist, daß Sie in diesen Videos visualisieren, wie Sie erfolgreich sind. Verfeinern Sie Ihr Bild der Perfektion, und sehen Sie sich selbst, wie Sie mit angemessener Anstrengung, mit Leichtigkeit, mit Anmut und mit wirklicher Freude bei der Sache sind.

Funktioniert es? Überall auf der Welt erbringen psychologische Experimente die Beweise dafür, daß Visualisierung wirklich funktioniert. Ein klassisches Experiment stellte der australische Psychologe Alan Richardson an:

Richardson bildete drei Gruppen von Leuten und testete deren Leistungen im Körbewerfen beim Basketball. Die erste Gruppe wurde aufgefordert, jeden Tag zwanzig Minuten lang zu trainieren. Der zweiten Gruppe sagte er, sie solle überhaupt nicht an Basketball denken. Die Mitglieder der dritten Gruppe schließlich wurden angewiesen, sich hinzusetzen, sich zu entspannen und sich zwanzig Minuten lang vorzustellen, wie sie erfolgreich Körbe warfen. Richardson erklärte ihnen, daß sie spüren sollten, wie sie den Ball warfen, daß sie die vollkommene Flugbahn sehen, das Geräusch des durch das Netz fallenden Balles hören und die Befriedigung fühlen sollten, die dieser imaginäre Erfolg in ihnen auslöste.
Am Ende des Experiments testete er die drei Gruppen nochmals und fand, daß die Trefferquote der ersten Gruppe, die tatsächlich jeden Tag geübt hatte, um 24 Prozent gestiegen war. Bei der zweiten Gruppe, die überhaupt nicht an Basketball gedacht hatte, war keinerlei Verbesserung festzustellen. Die dritte Gruppe, die angewiesen worden war, »einfach daran zu denken«, hatte ihre Trefferquote um 23 Prozent verbessern können.

Andere Wissenschaftler haben Richardsons Ergebnisse bestätigt, und zwar nicht nur beim Basketball, sondern auch bei einer breiten Palette anderer Aktivitäten, darunter Darts, Ringewerfen, Rollschuhlaufen und Karate. Daraus läßt sich ableiten, daß durch Visualisierung – vor allem durch multisensorische – eine deutliche Steigerung der tatsächlichen Leistungen erzielbar ist.

Die großen Visualisierer. Zusätzlich zu den eben erwähnten Experimenten finden wir auch in der Geschichte eine große Anzahl berühmter Visualisierer aus den verschiedensten Disziplinen. John F. Kennedy, die gesamte Wissenschaftlergilde der USA und eigentlich das ganze amerikanische Volk visualisierten in den sechziger Jahren, daß ein Mensch am Ende des Jahrzehnts den Mond betreten würde. Durch angemessenen Einsatz und Disziplin wurde diese Vision verwirklicht.

Jack Nicklaus sagte einmal, daß im Spitzenfeld des Profigolfs 80 Prozent des Erfolges von dem Bild einer perfekten Leistung abhängen, das der betreffende Golfer hat. Dasselbe sagen uns auch die unvergleichlichen Worte des Yogi Berra: »90 Prozent beim Spiel sind zu 50 Prozent eine geistige Angelegenheit!«

Muhammad Alis Visualisierungskraft war derart stark, daß er seinen Gegnern die Bilder seines Erfolges »injizierte«, was sie dazu trieb, dann zu fallen, wann er es sagte. Sie fielen tatsächlich. Indem er seinen Gegnern diese Bilder einimpfte, machte sich Ali Geräusche, Rhythmus und Timing zunutze, um seine Kontrahenten das *Gefühl* seiner wohlplazierten Schläge spüren zu lassen, sie das Geräusch der Fans hören zu lassen, die ihm zujubelten, und so weiter.

Künstler der Vergangenheit und der Gegenwart, von Michelangelo über Picasso bis zu modernen Künstlern wie der Australierin Lorraine Gill, visualisieren Bilder und arbeiten dann mit Hingabe und Disziplin daran, diese Bilder Realität werden zu lassen. Michelangelo berichtete, er sehe das Bild seiner Skulptur im Stein und entferne einfach das unnötige Material, bis nur noch seine perfekte Vision übrigbleibe. Lorraine Gill sieht innerhalb weniger Tage kreativen Visualisierens eine ganze Serie von Bildern über die Natur der Wahrnehmung und skizziert sie. Sie verbringt dann das nächste Jahrzehnt damit, die Realität auf die Leinwand zu bringen und sie mit ihrer ursprünglichen Vision in Einklang zu bringen.

> *Es wäre sehr interessant, photographisch nicht nur die einzelnen Entstehungsphasen eines Bildes festzuhalten, sondern seine Metamorphosen. Man würde vielleicht sehen, welch verschlungene Pfade ein Gehirn geht, um einen Traum in Realität zu verwandeln. Aber wirklich wichtig ist, daß sich das Bild nicht grundlegend ändert, daß die ursprüngliche Vision beinahe unverändert bleibt ...*
>
> Pablo Picasso

Eines unserer Lieblingsbeispiele für die Kraft der Visualisierung ist die Geschichte von Major James Nesmeth. Nesmeth war ein durchschnittlicher Club-Golfspieler, der Mitte der achtziger Jahre regelmäßig spielte. Während einer Turnierserie in Vietnam wurde er gefangengenommen und in ein Gefangenenlager gesteckt. Nesmeth lebte sieben Jahre lang unter furchtbaren Bedingungen in einer winzigen Zelle, isoliert von anderen. Um nicht verrückt zu werden, begann er mit Hilfe der Visualisierung zu trainieren; er spielte in seiner Phantasie jeden Tag achtzehn Löcher Golf. Nesmeth stellte sich vor, er sei auf seinem Lieblingsgolfplatz, gekleidet in seinen Lieblingsgolfdreß. Im Geist stellte er sich jedes Detail vor; er hörte den Wind in den Bäumen rauschen, die entlang der einzelnen Fairways standen, er spürte den Duft des frisch gemähten Rasens. Er fühlte jeden einzelnen Schritt auf dem ganzen Platz und stellte sich alle möglichen Schläge vor, die er bei allen nur erdenklichen Wetterbedingungen machen könnte. Für jeden Schlag wählte er den passenden Schläger und fühlte, wie seine Hände ihn mit perfektem Griff umfaßten. Er vergegenwärtigte sich das Gefühl des vollkommenen Schwingens des Schlägers, lauschte auf das Geräusch, wenn der Schläger in perfekter Weise auf den Ball traf, und

sah dann einen vollkommenen Abschlag. Er beobachtete, wie der kleine Ball durch die Luft sauste und genau an dem Punkt landete, an dem er es wollte. Als Nesmeth schließlich entlassen wurde, kehrte er nach Hause zurück und begab sich schnurstracks auf seinen Lieblingsgolfplatz. Er spielte eine 74er-Runde; damit war er zwanzig Schläge besser als vor der Gefangennahme – zwanzig Schläge besser, obwohl er sieben Jahre lang nicht ein einziges Mal einen wirklichen Schläger berührt hatte!
Auch in vielen anderen Gebieten – vom Geschäftsleben bis zur Medizin – gibt es eine Unzahl von Geschichten über Visionäre und Seher, die ihren inneren Idealbildern folgten und sie durch Fleiß und Hingabe Realität werden ließen. Stephen Covey, Autor von *The 7 Habits of Highly Effective People*, nannte dies »mit dem Ende im Kopf beginnen«. Covey betont, daß alle Erfolge zweifach errungen werden: zuerst im Kopf und dann in Wirklichkeit.
Die meisten Menschen visualisieren tagtäglich viele Dinge, sie tun es aber oft unbewußt und in einer negativen Weise. Wir bezeichnen dies als »sich Sorgen machen«. Was geht in unserem Körper vor, wenn wir uns Sorgen machen? Wir sind angespannt, unterbrechen unsere normale Atmung und stellen uns auf psychophysischer Ebene auf einen Mißerfolg ein. Lernen Sie statt dessen, positive Visualisierung einzusetzen, um sich auf Erfolge vorzubereiten. Wenn Sie das tun, werden Sie die Kraft, die ansonsten von Ihren Sorgen absorbiert wird, in Treibstoff transformieren, der die Energie liefert, die Sie brauchen, um Ihre Träume Realität werden zu lassen.

Visualisierung und die Verbindung zwischen Körper und Geist. Visualisierung funktioniert, weil Körper und Geist in einer äußerst engen Beziehung zueinander stehen. Die Wissenschaft beginnt diese Verbindung gerade erst ansatzweise zu verstehen. Eine der faszinierendsten Studien wurde von

Dr. John Basmajian von der Emory University durchgeführt. Basmajian nahm extrem feine Elektroden und schloß sie an einzelne motorische Einheiten in den Unterarmmuskeln von Versuchspersonen an. Die Elektroden wurden mit einem Oszilloskop und einem akustischen Verstärker verbunden; damit war Basmajian in der Lage, das Elektro-Kontraktionsmuster jeder motorischen Einheit aufzuzeichnen. Eine solche Einheit bestand aus einer Nervenzelle und einem kleinen Bündel von Muskeln, und jede Einheit hatte ihr eigenes, charakteristisches Muster, das sich von den anderen sowohl in der Form der Zacken am Oszilloskop als auch in den korrespondierenden »prasselnden« Geräuschen, die der akustische Verstärker registrierte, unterschied.

Basmajian entdeckte, daß die Versuchspersonen die Muster jeder einzelnen Einheit verändern konnten, indem sie es sich einfach vornahmen. Er berichtete ferner, daß »die meisten Versuchspersonen schließlich derart geschickt« waren, daß sie eine ganze Palette verschiedener Rhythmen zu produzieren vermochten, »darunter Duolen, Triolen, galoppierende Rhythmen und sogar komplizierte Trommelwirbel und -rhythmen.«

Die Macht der Visualisierung kann also individuelle motorische Einheiten beeinflussen und die Muskelaktivität rund um diese Zellen verändern. Positive, bewußte, multisensorische Visualisierungen laden jene Muskelgruppen mit Energie auf, die benötigt werden, um eine Aktion auszuführen; außerdem werden Körper und Geist in subtiler Weise zum Zeitpunkt der Leistungserbringung auf *angemessene Anstrengung* eingestellt.

Tips für das Visualisieren. Die folgenden Hinweise werden Ihnen helfen, das Optimum aus Ihren Visualisierungsübungen herauszuholen:

Seien Sie sich der Tatsache bewußt, daß Sie über das nötige

Rüstzeug verfügen. Machen Sie sich klar, daß jeder Mensch (Sie eingeschlossen) visualisieren kann. Wenn Sie das Gefühl haben, nicht über die Fähigkeit des Visualisierens zu verfügen, dann versuchen Sie einmal, ob Sie die folgenden Objekte zumindest grob beschreiben können: Ihr Auto; einen Elefanten; Ihr Haus/Ihre Wohnung; einen Apfel. Sicher können Sie es.

Diese Bilder sind im Okzipitallappen Ihres Gehirns gespeichert. Der Okzipitallappen fungiert als Ihr persönliches, biocomputerisiertes Archiv, das Milliarden von Bildern aus Ihrer persönlichen Geschichte und Erfahrung speichert. Genau jetzt, in diesem Moment, hat dieser Teil Ihres Gehirns das Potential, eine unbegrenzte Serie neuer Bilder zu speichern und, in Verbindung mit Ihren Stirnlappen, noch einmal ebenso viele zu kreieren.

Manche Menschen sehen diese Bilder von Natur aus sehr lebendig, während andere meinen, daß ihr inneres Auge keine klaren Bilder liefere. Die Vorteile von Visualisierungspraktiken kommen sogar dann zum Tragen, wenn Sie einfach an Ihr angepeiltes Ziel »denken«, ohne vor Ihrem inneren Auge Technicolorbilder ablaufen zu sehen.

Die Fähigkeit, sich ein gewünschtes Ergebnis bildlich vorzustellen, ist Ihrem Gehirn von Natur aus zu eigen, und Ihr Gehirn ist in Millionen Jahren der Evolution dafür ausgestattet worden, Sie dabei zu unterstützen, dieses Bild in Einklang mit Ihren tatsächlichen Leistungen zu bringen.

Visualisieren Sie multisensorisch. Je intensiver Sie all Ihre Sinne involvieren, desto wirkungsvoller wird Ihre Visualisierung sein. Wenn Sie beispielsweise das Jonglieren visualisieren, dann stellen Sie sich das Gefühl der Form, der Oberfläche und das Gewicht der Bälle in Ihren Händen vor. Versuchen Sie die Farbe der Bälle zu sehen, und verfolgen Sie ihre Flugbahn. Hören Sie die rhythmischen Geräusche einer perfekten Kaskade.

Wenn Sie nicht bereits ein Meister sind, dann wird Ihre Visualisierung Lücken haben. Nutzen Sie alle Bilder, die Sie zur Verfügung haben, und verwenden Sie Ihre Rollenmodelle, um im Laufe der Tage, Wochen, Monate und Jahre Ihrer Visualisierung mehr Tiefe und Detailreichtum zu verleihen.
Übung. Genau wie jede andere Fähigkeit wird sich auch Ihr Visualisierungsvermögen mit der Übung steigern. Nehmen Sie sich vor, regelmäßig eine bestimmte Folge geistiger Übungen zu machen. Besonders gut geeignete Zeitpunkte für Visualisierungsübungen sind unter anderem:

- morgens beim Aufwachen
- abends unmittelbar vor dem Schlafengehen
- wenn Sie als Passagier in Flugzeug, Eisenbahn, Schiff oder Auto reisen
- wenn Sie eine Arbeitspause einlegen
- nach Meditation, Yoga oder anderen Übungen bzw. immer dann, wenn Ihr Körper entspannt und Ihr Kopf frei ist.

Visualisieren Sie »von innen nach außen« und »von außen nach innen«. Wenn Sie visualisieren, stellen Sie sich vor, daß Sie sich selbst von außen zusehen. Wenn Sie beispielsweise einen Turniertanz visualisieren, beobachten Sie sich aus der Perspektive der Jury. Schlüpfen Sie dann sozusagen wieder in Ihren Körper zurück und visualisieren Sie Ihren perfekten Tanz »von innen«. Experimentieren Sie dann damit, Ihre inneren und externen Visualisierungen zu verschmelzen!
Unterscheiden Sie zwischen Phantasie und Visualisierung. Es macht Spaß, sich der Phantasie hinzugeben, man sei ein großer Jongleur, Sportler oder ein Millionär, aber eine Phantasie ist nicht dasselbe wie Visualisierung. Eine Phantasie erfordert keine bewußte Aufmerksamkeit, und sie erfordert nicht soviel Konzentration und Energie wie die Visualisie-

rung. Visualisierung ist bewußte Arbeit. Natürlich können Ihre Phantasien den ersten Grundstein für Ihre Visualisierungen legen, aber wenn ein Traum Wirklichkeit wird, dann ist das immer das Resultat einer Arbeit, die zuerst im Geist getan wird und erst dann in der realen Welt.

Werden Sie Ihre Vision. »Werden« Sie Ihr Vorbild. Viele große Schauspieler, etwa Sir Lawrence Olivier, Bette Davis und Marlon Brando, berichteten, daß die Charaktere, die sie verkörperten, sie regelrecht »überwältigten«. Machen Sie es genauso: Schlüpfen Sie in die Haut Ihrer Vorbilder.

Bleiben Sie positiv. Wenn Zweifel, Ängste oder negative Bilder aufsteigen, nehmen Sie sie zur Kenntnis, und festigen Sie dann das Bild Ihres Erfolges.

Und wie steht es mit der Realität?

Große Vorbilder und Visualisierung sind Schlüsselelemente, wenn es um das Erbringen von Spitzenleistungen geht. Ohne korrekte Informationen über unser aktuelles Leistungsniveau würde jedoch ein wichtiger Faktor fehlen. Viele Menschen, die das positive Denken des New Age praktizieren, tappen in die Falle der Eindimensionalität: Sie bestätigen sich durch perfekte Bilder ständig selbst, ohne die Realität ehrlich zu bewerten. Sie verwenden Visualisierungen zur Flucht aus der Realität anstatt als Werkzeug zu deren Verbesserung. Um Fortschritte zu machen, müssen Sie fähig sein, Ihre Visualisierungen von der Perfektion mit Ihrem aktuellen Leistungsniveau zu vergleichen.

Sie brauchen ein genaues Feedback, das Sie effizient zu Ihrem Ziel geleitet. Sagen Sie ehrlich, wohin Sie wollen und wo Sie derzeit stehen. Es ist sehr wichtig, sich selbst klar und realistisch zu sehen und subjektive, angstmotivierte, egozentrische Interpretationen oder Fehlinformationen zu vermeiden. Die potentielle Energie zwischen Ihrem aktuellen Status und Ihrem Ziel erzeugt eine positive und dynamische Spannung, die sich, wenn Sie sie zulassen, in natürlicher Weise in Form von Leistungen niederschlagen wird. Viele Menschen haben aus den folgenden Gründen Schwierigkeiten damit, diese notwendigen, exakten Informationen zu bekommen:

Subjektivität. Wir leben »in uns selbst«, also ist es schwierig, uns von außen zu betrachten. Wenn Sie beispielsweise lernen zu jonglieren, *denken* Sie vielleicht, daß Sie die Bälle zeitversetzt hochwerfen (Kaskade), während Sie sie in Wirklichkeit vielleicht einfach hin- und herreichen. Oft wird Ihnen dieser Irrtum nicht auffallen, solange Sie sich nicht in einem Spiegel oder auf einem Video sehen oder Feedback von einem Partner oder einem Coach bekommen.
In vielen unserer Seminare verwenden wir Videos als Trainingshilfsmittel. Die Teilnehmer stellen oft überrascht fest, wie groß die Diskrepanz zwischen ihren Wahrnehmungen und der vom Video gezeigten Realität ist.

Gewohnheit. Unsere gewohnte Art des Handelns und der Wahrnehmung kann uns zu Gefangenen starrer Muster machen, die uns ganz normal erscheinen. Dieses Syndrom wurde zuerst von Frederick M. Alexander beschrieben, der es als »irregeleitete Kinästhesie« bezeichnete.
Alexander beobachtete, daß wir oft ein *unnatürliches* Gefühl haben, wenn wir neue, bessere, natürlichere Verhaltensweisen ausprobieren, weil unsere eingeübten Verhaltensmuster für uns zur Normalität geworden sind. Mit anderen Worten: Das Richtige fühlt sich falsch an, weil das Falsche normal geworden ist und für richtig *gehalten* wird! Nehmen Sie beispielsweise jemanden, der sich eine krumme Haltung angewöhnt hat. Wenn Sie ihn aufrichten, so daß er

ganz aufrecht dasteht, wird er sagen, daß er sich aus dem Gleichgewicht gebracht fühle und fürchte, gleich hintüberzukippen!

Angst. Sogar wenn präzise Informationen verfügbar sind, hindert uns oft die Angst daran, sie uns auch in entsprechender Weise zunutze zu machen. Viele Menschen wachsen in dem Glauben auf, daß Fehler etwas Schlechtes sind, was ihr Selbstwertgefühl von permanenten Erfolgen abhängig macht. Sie haben Angst davor, Fehler zu machen. Um Erfolge zu erzielen, neigen sie dazu, Dinge zu vermeiden, die nicht in den Bereich ihrer offensichtlichen natürlichen Begabungen zu fallen scheinen. In dieser verkehrten Gleichung lautet das Geheimnis des Erfolges: *Vermeiden von Fehlern,* was dazu führt, daß große Teile unseres Potentials ungenutzt bleiben.

Um unser volles Lernpotential auszuschöpfen, müssen wir Angst und Furcht zunächst akzeptieren und dann transformieren; wir sollten stets bestrebt sein, uns korrektes Feedback über unsere Leistungen zu verschaffen. Was wir bisher immer als Kritik auffaßten, wird jetzt zum Geschenk, das zu unserer konstruktiven Weiterentwicklung beiträgt.

Die Lernspirale

Um Ihre volle Lernkapazität erschließen zu können, braucht Ihr Gehirn zwei Arten von Information: 1. klare Ziele und 2. korrektes Feedback. Beide Faktoren sind wesentlich. Wenn Sie eine klare Vision haben, aber ungenaues Feedback bekommen, werden Sie getäuscht und leben in einer Phantasiewelt. Wenn Sie zwar ein richtiges Feedback erhalten, aber keine Vision haben, dann fehlt Ihnen die Inspiration, und Sie stagnieren. Wenn Sie keines von beidem haben, na ja … dann würden Sie wahrscheinlich nicht dieses Buch lesen.

Die Lücke zwischen Ihren großen Vorbildern, die sich allmählich herauskristallisieren, und der zunehmenden Menge an objektiven Daten Ihrer Leistungen regt den Lernprozeß an. Diese kreative Spannung, *die mit einem Bekenntnis zum Erfolg einhergeht*, ist gleichzusetzen mit einer kontinuierlichen, positiven Spirale, die Sie zu Ihrem Ziel und noch weiter trägt.

Ihr Gehirn ist ein Erfolgsmechanismus, und dieser Vergleichsprozeß ist das Geheimnis seines Funktionierens. Wenn Sie ihn verstehen, werden Sie erkennen, daß Ihr Erfolg beim Jonglieren, beim Lernen und im Leben unvermeidlich ist, sofern Sie es wollen.

Leitlinien für hervorragende Leistungen

- Suchen Sie nach großen Jongleuren und Videos Ihrer Darbietungen, die Ihnen helfen können, sich geeignete Vorbilder aufzubauen.
- Machen Sie die Visualisierung zu einem integralen Bestandteil Ihrer Jonglierübungen.
- Visualisieren Sie synästhetisch (unter Einsatz all Ihrer Sinne), und konzentrieren Sie sich dabei darauf, wie sich Ihre Jonglierbälle anfühlen, auf ihre Farbe, den Rhythmus, den Klang: Vergegenwärtigen Sie sich das Gefühl des Jonglier-Fließzustandes.
- Treten Sie der International Jugglers' Association (der internationalen Jongleurvereinigung) bei, und besuchen Sie das alljährliche Festival, das Ihnen Gelegenheit bietet, in ein umfassendes Jongliererlebnis einzutauchen. (International Jugglers' Association, Box 218, Montague, Massachusetts 01351. 413-367-2401.)

- Üben Sie spielerisch, mit Freude und nach Lust und Laune.
- Nutzen Sie jede Gelegenheit, objektives Feedback über Ihre Jonglierkünste zu bekommen: Beobachten Sie sich selbst im Spiegel; nehmen Sie sich auf Video auf; bitten Sie Freunde um Hilfe.
- Streben Sie sowohl beim Jonglieren als auch in anderen Bereichen nach herausragenden Leistungen.

»Wer den rechten Weg, dies zu erreichen, gehen will, der muß jung beginnen, den schönen Leibern nachzugehen; und zuerst wird er, wenn sein Führer ihn richtig leitet, nur einen schönen Leib lieben und schöne Gedanken in ihm zeugen, dann aber wird er begreifen, daß die Schönheit in irgendeinem Leibe der im anderen Leibe verschwistert ist und daß es, wenn er das Schöne an Gestalt gewinnen will, nur arge Torheit wäre, die Schönheit in allen Leibern nicht für eine und dieselbe zu halten.« (Plato).

Suchen Sie sich in allen Lebensbereichen – Beziehungen, Karriere, Finanzen, Serviceleistungen, Hobbies – Modelle für Spitzenleistungen.

- Visualisieren Sie Ihre Ziele im Leben, und achten Sie darauf, daß sie alle zusammenpassen.
- Sammeln Sie in allen Lebensbereichen Informationen, die Ihnen helfen können, Ihre Leistungen zu verbessern. Bitten Sie Kollegen, Chefs, Freunde, Verwandte, Coaches und Kinder um konstruktives Feedback.
- Wenn Sie die Lebendigkeit Ihrer multisensorischen Visualisierung fördern wollen, versuchen Sie folgendes: Stellen Sie sich Ihre Lieblingsszenerie bildlich vor – nehmen Sie genüßlich einige tiefe Atemzüge, und schließen Sie dann die Augen. Lassen Sie im Geist ein Bild Ihres Lieblingsortes aufsteigen. Vielleicht ist es ein Strand? Dann lassen Sie Ihr inneres Auge über den unendlichen blaugrünen Ozean

hinwandern, und genießen Sie den Anblick der schaumig-weißen Wellenkämme. Lauschen Sie der Brandung, und fühlen Sie die Sonnenstrahlen auf Ihrem Rücken. Atmen Sie den belebenden Duft der salzigen Luft ein, und fühlen Sie den heißen Sand unter Ihren Füßen. Verfolgen Sie den Gleitflug einer leuchtendweißen Seemöwe am strahlend-blauen Himmel. Nehmen Sie eine Handvoll Sand, und lassen Sie ihn durch die Finger rieseln; beobachten Sie, wie die Lichtstrahlen auf den Kristallen tanzen. Vertiefen Sie sich ganz in den Ausflug zu Ihrem Lieblingsort, und genießen Sie jedes einzelne wundervolle Detail!

- Probieren Sie die Obstübung: Sammeln Sie so viele der folgenden Früchte wie möglich: einen roten Apfel, eine Orange, eine Zitrone, grüne und/oder blaue Trauben, eine Handvoll Blaubeeren. Legen Sie sie vor sich auf einen Tisch, und sitzen Sie ein paar Augenblicke still davor. Konzentrieren Sie sich auf Ihre Atmung, um sich zu entspannen. Sehen Sie sich dann aufmerksam den Apfel an; studieren Sie etwa dreißig Sekunden lang seine Form und Farbe. Schließen Sie jetzt die Augen, und beschwören Sie das Bild des Apfels vor Ihrem inneren Auge herauf. Machen Sie dasselbe nacheinander mit den einzelnen Früchten. Wiederholen Sie dann die Übung, halten Sie diesmal aber den Apfel in der Hand, während Sie ihn betrachten. Spüren Sie seinen Duft, und beißen Sie ein großes Stück ab. Konzentrieren Sie sich genau auf den Geschmack, den Geruch und die Konsistenz Ihres saftigen Apfels. Wenn Sie den Bissen geschluckt haben, schließen Sie die Augen, und genießen Sie all die köstlichen, multisensorischen Assoziationen. Nachdem Sie von jeder Frucht gekostet haben (beißen Sie von Ihrer Zitrone nicht ab, es genügt, wenn Sie ein bißchen daran nagen), vergegenwärtigen Sie sich jede einzelne Frucht im Geist. Versuchen Sie sich dann in Ihrer Vorstellung ein hundertfach vergrößertes Bild jeder

Frucht auszumalen. Schrumpfen Sie die Früchte wieder auf Originalgröße, und stellen Sie sich vor, Sie würden sie aus verschiedenen Blickwinkeln betrachten. Stellen Sie sich dann vor, wie die Früchte in der Jonglierbox vor Ihren Augen tanzen.

4 Fehler als Erfolg: Lernen Sie Ihre Fehler lieben

Die Fehler eines Menschen sind seine Pforten zur Erkenntnis.

James Joyce

Als Tony gerade das erste Jonglierkürstadium gemeistert hatte und sich in dem Versuch, perfekt zu sein, einmal völlig verspannte, warf er einen der Bälle zu hoch. Der Ball fiel hart zu Boden und sprang wieder hoch, bis weit über seinen Kopf. Dann, in einem einzigen wunderbaren Augenblick, entspannte sich Tony und beobachtete den Ball, der in perfektem Bogen in seiner Hand landete; er hatte den Jonglier-Fließzustand erreicht. Dieser traumwandlerische »Fehler« wurde bald zu einem seiner Lieblingstricks, und seit damals hält er jedesmal, wenn er die Bälle fallen läßt, nach neuen »Fehler-Meisterstücken« Ausschau.

Ihr Gehirn kann mehr, als Sie denken!

Im letzten Kapitel haben wir gezeigt, wie wirkungsvoll multidimensionale Bilder von Meisterleistungen sind, wenn es darum geht, unser ungeheures Lernpotential zu aktivieren. Natürlich müssen wir üben, wenn wir unsere Visionen Wirklichkeit werden lassen wollen … und üben bedeutet Fehler machen!

Viele Menschen wachsen in der Meinung auf, daß Fehler etwas Schlechtes seien, und sie betrachten Irrtümer als Beweise grundlegender Unfähigkeit. Dieses negative Denkmuster kann den Lernprozeß unterminieren. Wenn wir unseren Lernerfolg maximieren wollen, sollten wir vielmehr die Frage stellen: »Wie können wir optimal von jedem Fehler profitieren, den wir machen?«

Ironischerweise hängt unsere Bereitschaft, dies zu tun, oft von dem Maß an Vertrauen ab, das wir in unser Können haben. Viele Menschen treten für das Konzept des Lernens durch Fehler ein; sie legen damit aber ein bloßes Lippenbekenntnis ab und nutzen Gelegenheiten, Neues zu lernen, nicht wirklich.

Vertrauen in die eigene Fähigkeit, aus Fehlern zu lernen, macht erfolgreich, und Erfolg führt zu mehr Selbstvertrauen. Entwickeln Sie Vertrauen in Ihre Lernfähigkeit, indem Sie den erstaunlichen Kapazitäten Ihres Gehirns Respekt zollen. Eine der interessantesten Arbeiten auf dem Gebiet der Gehirnforschung wurde von Professor Pyotr Anokhin von der Universität Moskau in den frühen siebziger Jahren durchgeführt. Professor Anokhin, ein Schüler Pawlows, verbrachte die letzten zehn Jahre seines Lebens damit, die Natur der Gehirnzellen, die spezifischen Charakteristika der Synapsen (der Verbindungsstellen der Gehirnzellen) und die Anzahl der möglichen Denkmuster, zu denen ein menschliches Gehirn fähig ist, zu erforschen. Seine Schätzungen verblüfften die gesamte Welt der Wissenschaft. Er wies nach, daß die Zahl an Mustern, die Ihr Gehirn zu bewältigen imstande ist, zumindest eine Eins, gefolgt von 10,5 Millionen Kilometern Nullen (in Maschinenschrift), ist. Anokhin sagte, das menschliche Gehirn sei wie ein »multidimensionales Musikinstrument, das eine unendlich große Anzahl von Stücken simultan spielen« könne.

Anokhins Arbeiten stellten den Beginn einer Flut von Forschungsarbeiten über die Funktionsweise und Kapazität des menschlichen Gehirns dar. Biologen, Chemiker, Physiker,

Psychologen, Philosophen und Computerwissenschaftler widmen sich heute immer intensiver der Erforschung des Gehirns, so daß sich der US-Kongreß dazu veranlaßt sah, die neunziger Jahre zur »Dekade des Gehirns« zu erklären.
Fast 95 Prozent dessen, was wir über das Gehirn wissen, wurde in den letzten zehn Jahren erforscht. Wir beginnen erst langsam damit, dieses Wissen praktisch für unsere Versuche, das Lernen zu lernen, zu verwerten.
In den fünfziger Jahren ging man davon aus, daß wir 50 Prozent des Potentials unseres Gehirns nutzen. In den sechziger Jahren sanken die Schätzungen; man meinte nun, wir würden lediglich 10 Prozent nutzen. In den siebziger und achtziger Jahren gingen die Schätzungen auf ein Prozent zurück, und heute, in den Neunzigern, sind viele Gehirnforscher davon überzeugt, daß wir weniger als 0,01 Prozent unserer Gehirnkapazität nutzen. Also werden wir entweder alle immer »schwerer von Begriff«, oder das Potential unseres Gehirns ist weit größer, als wir jemals gedacht hätten. Die Nachricht ist wirklich gut: Ihr Gehirn hat ein viel größeres Potential, als bisher angenommen wurde, und wahrscheinlich unterschätzen wir seine wahre Kapazität immer noch.
Jeder Mensch ist von Geburt an mit einem buchstäblich unbegrenzten Potential ausgestattet. Die größte Erfüllung finden wir, wenn wir uns darauf einlassen, unsere Begabungen auszuleben. Unser Gehirn ist eindeutig der leistungsstärkste Lernapparat, der in der gesamten Schöpfung existiert. Wenn Sie das nächste Mal mit einer Lernaufgabe konfrontiert werden, denken Sie daran, daß Sie über einen wundervollen Biocomputer verfügen, der dafür geschaffen wurde, zu lernen und schöpferisch zu sein – er wurde geschaffen, um Ihren Erfolg zu garantieren.

Der Prozeß von Versuch und Irrtum aktiviert die ungeheuren Kapazitäten Ihres Gehirns, die Ihnen bei der Erreichung Ihrer durch Visualisierung angestrebten Ziele helfen. Wie Buckminster Fuller es ausgedrückt hat: »Das menschliche Gehirn ist eine Versuch-und-Irrtum-Maschine.« Und wir stimmen mit Fuller darin überein, daß das Wort *Irrtum* einen Prozeß beschreibt, der dazu dient, den *Erfolg* sicherzustellen. Fuller hat betont, daß wir, um uns voll entfalten zu können, ständig experimentieren müssen, wobei wir unsere Aufmerksamkeit zu gleichen Teilen auf unsere Erfolge und auf unsere Mißerfolge richten sollten. Um den Lernprozeß beschleunigen und genießen zu können, müssen wir Erfolg und Mißerfolg gleichermaßen als lehrreich und wertvoll anerkennen.

Es ist nützlich, jede Lernerfahrung – in diesem Fall das Jonglieren – als eine faszinierende, niemals endende Reise zu betrachten, die Sie von einem Ausgangspunkt hin zu Ihrem sich kontinuierlich weiterentwickelnden Ziel, also der Spitzenleistung, führt. Eine typische solche »Reise« ist in der Abbildung auf Seite 95 dargestellt.

Zunächst konzentriert sich das Gehirn auf sein Ziel. Es visiert das Ziel an, macht einen ersten Versuch und landet bei Punkt eins: abseits des geraden Weges, weit entfernt vom Ziel. Dies wird üblicherweise als »Irrtum« oder »Mißerfolg« betrachtet. In Wirklichkeit hat sich das Gehirn auf sein Ziel zubewegt. Es hat jetzt alle Daten, die es ursprünglich hatte, und außerdem hat es durch den ersten Versuch *neue* Informationen gewonnen.

Beim zweiten, dritten und vierten Versuch treten ähnliche Irrtümer und Mißerfolge auf. Anstatt diese als Fehler zu betrachten, sollten Sie sie als Erweiterungen der Datenbank Ihres Verständnisses auffassen – sie sind ein integraler Bestandteil des Lernprozesses. Chinesische Kampfsportler bezeichnen dies als »Investition in den Verlust«. Diese Investitionen ermöglichen es uns, unsere Lernerfolge zu beschleunigen.

Manchmal stellen wir fest, daß wir trotz unserer intensiven Bemühungen auf einem »Plateau« steckengeblieben sind oder scheinbar sogar Rückschritte machen. Diese Phasen im Lernprozeß, die jeder Lernende unweigerlich durchläuft, sind Gefahrenzonen. Frustration kann Gefühle der Hoffnungslosigkeit, der Verzweiflung und der grundlegenden Unzulänglichkeit provozieren, die viele Menschen zum Aufgeben treiben.

In jedem Land und in jeder Sprache gibt es eigene Redensarten, die diesen Stadien des Lernprozesses vorbehalten sind. Zu den Klassikern gehören: »Ich kann nicht«, »Siehst du, ich habe dir ja gesagt, daß ich darin nicht gut bin«, »Ich wußte ja, daß das unmöglich ist«, »Diese Dinge konnte ich noch nie sehr gut«, »Vielleicht sollte ich es mit etwas anderem versuchen«, »Ich bin einfach hundsmiserabel«, »Das schaffe ich nie«, »Man hat es entweder, oder man hat es nicht, und ich habe es nicht« und so weiter.

Wenn Sie sich beim Lernen oder im Leben in einer dieser Phasen befinden, müssen Sie:

1. Ihre aktuelle Realität verstehen und sich korrektes Feedback über Ihre Leistungen verschaffen,
2. die Vision von Ihrer Spitzenleistung vervollkommnen und dann mit Leben erfüllen,
3. sich die ungeheure Leistungsfähigkeit Ihres Gehirns und Ihre unbeschränkte Lernfähigkeit vor Augen halten und verstehen, daß ein Leistungsabfall nicht etwa ein Zeichen für grundlegende Unfähigkeit ist, sondern vielmehr ein integraler Bestandteil Ihres natürlichen Lernweges,
4. weitermachen.

Ihr Gehirn als Autopilot

Man kann den Prozeß des Erfolgreichseins als eine Serie von Versuchen betrachten, in denen Ihre Vision Sie kontinuierlich in die Richtung Ihres Zieles führt, während Ihre tatsächlichen Leistungen immer ein wenig von der direkten Linie abweichen. Erfolg, ganz gleich in welchem Bereich, erfordert konstante Anpassungen Ihres Verhaltens in Reaktion auf das Feedback.

> *»Ich hatte niemals Angst zu versagen.« – Michael Jordan bei einer Pressekonferenz, während derer er seinen Wunsch verkündete, Profibasketballer bei den Chicago White Sox zu werden.*

Sie können diesen Prozeß mit einem Autopiloten in einem Flugzeug vergleichen. Auf einem Flug von Florida nach London befindet sich die Maschine während 93 Prozent der Zeit eigentlich nicht auf Kurs. Bordcomputer überwachen die Variablen Wind, Druck, Höhe und Flugverkehr und passen die Flugroute entsprechend an.

Wenn Sie sich für ein klar definiertes Ziel engagieren, wird Ihr Gehirn wie ein Autopilot funktionieren und Ihre Wahrnehmung und Ihr Verhalten auf Erfolgskurs steuern. Sogar wenn Sie scheinbar auf einem »Plateau« steckenbleiben, wird Ihr Gehirn auf einer unbewußten Ebene die nötigen Verbindungen und Vernetzungen herstellen. Und sobald Ihr Gehirn und Ihr Körper bereit sind, werden Sie den nächsten Sprung vorwärts machen.

Dieser Prozeß dauert ein Leben lang: Wenn Sie ein Ziel erreicht haben, wird Ihnen der Prozeß schon so lieb geworden sein, daß Sie sich gleich die nächsten Pläne schmieden. Sie werden schließlich neue Ziele verfolgen, neue Dimensionen, neue Perspektiven anvisieren und – wie ein Baby –

den Prozeß ebenso oder noch mehr genießen als das Ziel. Wenn Sie dieses Stadium erreicht haben, werden Sie erkennen, daß Erfolg und Mißerfolg wie die zwei Seiten des Möbiusstreifens sind. Sie scheinen unterschiedlich zu sein, und doch sind sie im wesentlichen gleich.

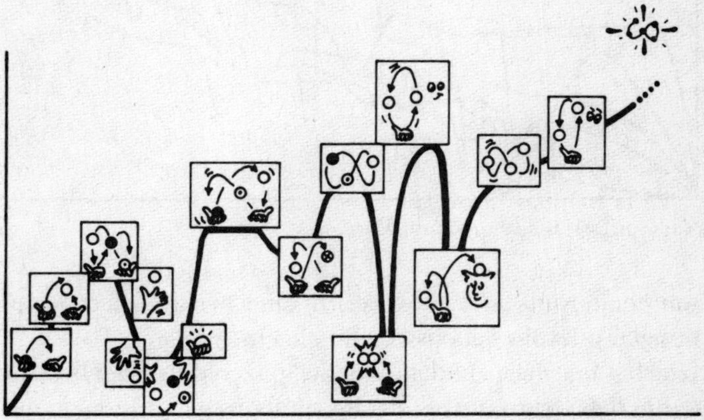

Individuelle Fortschrittskurve

Ihre einzigartige Kurvenform

Wenn wir uns nochmals die individuelle Fortschrittskurve ansehen, stellen wir fest, daß, auch wenn jede einzelne Kurve einzigartig ist, doch alle die grundlegenden Elemente (1) Erfolge, (2) Mißerfolge und (3) »Plateaus« aufweisen. Die Linie Ihrer Kurve wird im großen und ganzen *in Richtung Erfolg* führen, und Ihr eigener, individueller Fortschritt in Richtung auf diesen Erfolg wird all die Höhen und Tiefen Ihres natürlichen Lernrhythmus aufweisen.
Ihre Fortschrittskurve ist nicht nur auf Ihr Jonglierprogramm anwendbar, sondern vielmehr auf jede Aktivität, der Sie sich zu widmen beschließen – sei es eine Sportart, Musik, Wis-

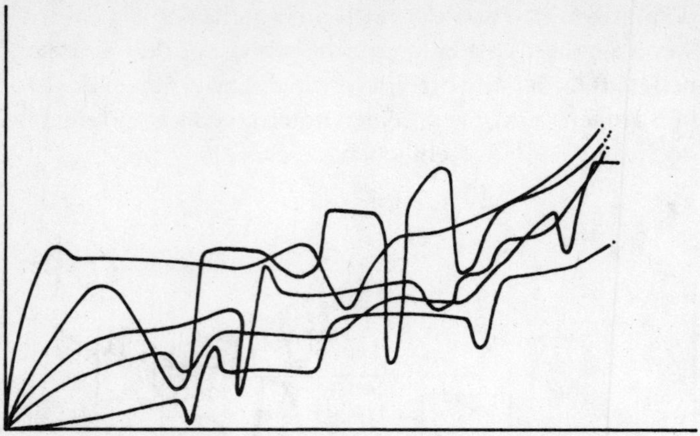

Viele individuelle Fortschrittskurven

senschaft, Kunst, die Entwicklung Ihrer persönlichen Beziehungen oder Ihr Lebensweg im allgemeinen.

Eine häufige Falle auf dem Weg zu Spitzenleistungen besteht darin, daß wir zu erpicht darauf sind, unsere Leistungen mit denen anderer zu vergleichen. Konkurrenz kann zwar ein wirksamer Ansporn sein, wenn es darum geht, über uns selbst hinauszuwachsen, aber andererseits führt sie nur allzuoft zum Verlust jeder Perspektive. Dieser Verlust der Perspektive kann oft auf den folgenden Zyklus zurückgeführt werden: Verlieren wird mit Mißerfolg gleichgesetzt, und Mißerfolg geht mit dem Verlust des Selbstbewußtseins einher.

Gewinnen ist dann eher eine Sache der Bestätigung des eigenen Wertes anstatt ein Nebenprodukt echter Selbstverwirklichung. Diese verzerrte Sicht führt oft zu einer regelrechten Gewinnsucht oder dazu, daß gesunde Konkurrenz tunlichst vermieden wird. »Verlieren« ist eine Art von Feedback über den Zustand Ihrer gegenwärtigen Realität. Es gibt Ihnen ausführlich Gelegenheit, sich gemäß Ihrer eigenen

»Fortschrittskurve« weiterzuentwickeln. »Gewinnen« bedeutet, daß es an der Zeit ist, sich nach höheren Zielen umzusehen.

Größe

Die Großen wurden oft deshalb groß, weil sie, offensichtlichen Mißerfolgen zum Trotz, unbeirrbar an sich glaubten. Die Geschichte der großen Errungenschaften auf jedem Gebiet ist eine Chronik des Überwindens von Widrigkeiten und des Lernens aus Fehlern:

- Thomas Edison scheiterte tausendemal mit seinen Versuchen, die Glühbirne zu erfinden. Nachdem er mit seinen Experimenten drei Laboratorien in die Luft gejagt hatte, drängten ihn seine Freunde dazu, es mit etwas anderem zu versuchen. Edison erwiderte, daß er durch seine bisherigen Irrtümer jetzt mehr wisse als jemals zuvor und daß sein letztendlicher Erfolg unvermeidlich sei. Tausende fehlgeschlagener Versuche schufen eine Wissensbasis, die ihn zum Erfolg katapultierte.
- Abraham Lincoln hatte im Alter von vierundzwanzig Jahren schon zwei geschäftliche Fehlschläge erlitten. Er hatte zahlreiche Wahlen verloren und erlitt einmal einen Nervenzusammenbruch, bevor er schließlich mit zweiundfünfzig Jahren zum Präsidenten der Vereinigten Staaten gewählt wurde. Lincoln lernte seine Lektion aus seinen Mißerfolgen und wurde ein weiser Staatsmann und ein Präsident mit Visionen.
- Als Einsteins Vater Alberts Schullehrer fragte, welchen Beruf Albert ergreifen solle, antwortete der Lehrer: »Das ist ganz egal, er wird niemals irgendwo erfolgreich sein.« Gregor Mendel, Begründer der modernen Wissenschaft der

Genetik, fiel in Biologie durch. Winston Churchill, Charles Darwin, W. B. Yeats, Hans Christian Andersen, General George Patton, Gustave Flaubert und Leonardo da Vinci hatten, bevor sie zu historischen Größen wurden, Schulprobleme.

- Walt Hriniak, Batting Coach der Baseballmannschaft Chicago White Sox, erklärt, daß das besondere Charakteristikum der großen Sportler dieser Disziplin deren Fähigkeit sei, mit Fehlern umzugehen. In seinen eigenen treffenden Worten: »Es ist mir ganz egal, wer du bist, ob du einer der größten Stars aller Zeiten bist oder ein kleiner Spieler aus der Little League, jeder macht einmal Fehler.« Hriniak betont, daß alle Stars irgendwann einmal ein größeres Tief beim Schlagen durchgemacht haben. Er meint, daß »die Fähigkeit, zu lernen und Haltung zu bewahren, wenn die Dinge einmal nicht so laufen, wie du es willst«, der Schlüssel zur Bewältigung eines Tiefs ist. Hriniak weist darauf hin, daß sogar die größten Schlagmänner bei 60 bis 70 Prozent ihrer Läufe zum Schlagmal nicht erfolgreich sind. Und trotzdem gehen sie an jede neue Chance mit dem absoluten Willen zum Erfolg heran.

Dieser Ansatz zur Erlangung wahrer Größe ist sowohl auf Organisationen als auch auf einzelne Menschen anwendbar.

Der Manager der Zukunft wird einfach andere zum Lernen anleiten.

Peter Drucker

Die erfolgreichste Firma der neunziger Jahre wird etwas sein, was man als eine Lernorganisation bezeichnen kann.

Fortune

Die meisten Firmen, die zu den 500 Topunternehmen der USA gehören, erzielen beispielsweise mittlere Gewinne, gefolgt von Produkten mit enormem Erfolg, die wiederum von Phasen mittleren Erfolges abgelöst werden, auf die dann kleinere Rückschläge folgen, und so fort. Ein signifikanter Prozentsatz von Firmen verliert jedes Jahr seine Plätze unter den Top 500, und innerhalb von zwanzig Jahren ziehen sich mehr als 30 Prozent ganz aus dem Geschäft zurück. Die besten Firmen verfolgen einen Gesamttrend zu kontinuierlicher Verbesserung, Integration und Wachstum. Was ist der ausschlaggebende Unterschied zwischen den Organisationen, die auf der Strecke bleiben, und jenen, die es schaffen? Es ist die Fähigkeit, aus Fehlern zu lernen und sich in kreativer Weise an unvorhergesehene Bedingungen anzupassen.

Soichiro Honda, der Gründer des Honda-Konzerns, führt seinen Erfolg auf eine hohe Toleranzschwelle für Mißerfolge zurück. Er sagt: »Viele Menschen träumen vom Erfolg. Meiner Meinung nach kann Erfolg nur durch wiederholte Mißerfolge und kritische Selbstbetrachtung erreicht werden.«

Die Fähigkeit, aus »Mißerfolgen« zu lernen und sich anzupassen, verschafft Unternehmen den ausschlaggebenden Wettbewerbsvorteil. Die besten Organisationen schaffen sich eine Umgebung, die Risikofreude und einen kreativen Umgang mit Mißerfolgen fördert. Johnson & Johnson beispielsweise ist für seine innovativen Geschäftspraktiken und seine qualitativ hochwertigen Produkte bekannt. Der Grundstein für diesen Erfolg wurde vom Gründer des Unternehmens, General Johnson, gelegt. Generaldirektor James Burke sagte in einem Interview mit dem »Guru« der Führungskräftetrainer, Warren Bennis:

»Ich entwickelte einmal ein neues Produkt, das ein furchtbarer Flop wurde, und General Johnson zitierte mich zu sich. Ich war sicher, daß er mich hinauswerfen würde. Johnson sagte zu mir: ›Ich mußte hören, daß Sie über eine Million Dollar Verlust gemacht haben.‹ Ich antwortete: ›Ja, Sir. Das ist richtig.‹ Da stand er auf und streckte die Hand aus. Er sagte: ›Ich möchte Ihnen nur gratulieren. Das Treffen von Entscheidungen ist das Wesen jeder Geschäftstätigkeit, und wenn Sie keine Entscheidungen treffen, können Sie auch keine Mißerfolge haben. Meine größte Schwierigkeit ist es, die Leute dazu zu bringen, Entscheidungen zu treffen. Wenn Sie noch einmal dieselbe falsche Entscheidung treffen, werde ich Sie feuern. Aber ich hoffe, daß Sie in Zukunft noch viele andere Entscheidungen treffen werden und daß Sie verstehen, daß darunter mehr richtige als falsche sein müssen.«

Warren Bennis zufolge kann man keine gute Führungskraft sein, ohne eine positive Einstellung zum Lernen und zu Fehlern entwickelt zu haben. Er betont, daß Organisationen Fehler als eine normale Begleiterscheinung des Strebens nach Spitzenleistungen betrachten müssen, um wirklich erfolgreich sein zu können. Organisationen, die eine förderliche Lernumgebung schaffen, sind solche, in denen alle Einzelpersonen, *angefangen bei der Führungsspitze*, ihre eigenen Fehler eigenverantwortlich erkennen, korrigieren und daraus lernen.

In den achtziger Jahren wurde Johnson & Johnson von dem infamen Tylenol-Skandal erschüttert. Ein paar Packungen Tylenol waren von einem Verrückten, der die Absicht hatte, die Firma in Verruf zu bringen, mit Cyanid präpariert worden. Als daraufhin ein Konsument zu Tode kam und die Geschichte Schlagzeilen machte, kam es zu einem großen Aufruhr. Die Umsätze und Gewinne von Johnson & Johnson gingen deutlich zurück. Wie reagierte die Firma? Sie nahm das Produkt vorübergehend vom Markt und beruhigte die Kunden, indem eine ausführliche Untersuchung des Vorfalles eingeleitet wurde. Es wurde kein Versuch unternommen, die Sache zu vertuschen oder geheimzuhalten. Dann wurde das Produkt in einer neuen, manipulationssicheren Verpackung wieder auf den Markt gebracht. Die Umsätze und Gewinne erreichten erneut das frühere Niveau, und die Einstellung der Kunden gegenüber der Firma war sogar positiver als zuvor!

Leider ist Johnson & Johnson eine rühmliche Ausnahme. In den meisten Organisationen bleibt die Angst vor Fehlschlägen die vorherrschende motivierende Kraft im täglichen Leben. In einer faszinierenden Studie über die Entscheidungsdynamik in großen Rentenfonds fanden die Wissenschaftler beispielsweise heraus, daß Investitionsentscheidungen nicht primär unter dem Aspekt des höchstmöglichen Gewinns für den Fonds getroffen wurden, sondern vielmehr so, daß die Gefahr einer Rüge wegen falscher Entscheidungen für die einzelnen Investmentmanager minimiert wurde. Eine umfangreiche Studie über Ineffizienz und Ressourcenverschwendung in den Steuerbehörden ergab, daß die überwiegende Ursache der Probleme in der fehlenden Bereitschaft (in den meisten Abteilungen) der Organisation bestand, Fehler zu akzeptieren und zu korrigieren.

Diese fehlende Bereitschaft, Fehler zu akzeptieren und daraus zu lernen, ist die Ursache für viele der größten Probleme unserer Gesellschaft. Watergate, Irangate, das Debakel der amerikanischen Bausparkassen – alle diese Fälle wurden durch Vertuschungsversuche dramatisch verschlimmert. Unser Wachstum als Individuen und als Gesellschaft macht es erforderlich, daß wir unsere Einstellung gegenüber Fehlern ändern. Eine Möglichkeit, diese zu lernen, besteht darin, absichtlich Fehler zu machen.

Bleiben Sie dran! Kleben Sie jeden Tag eine Post-it-Notiz auf Ihren Schreibtisch, Ihr Telefon oder Ihren Computer, und hinterlassen Sie sich selbst eine inspirierende Nachricht – vielleicht eines Ihrer Lieblingszitate oder eine kurze Erinnerung daran, daß Sie an einem Ihrer Ziele arbeiten sollten. Die Post-it-Notiz selbst stellt eine Inspiration dar. Das Produkt entstand, weil es Forschern der Firma 3M nicht gelang, einen starken neuen Klebstoff zu entwickeln. Anstatt den neuen Klebstoff zu verwerfen und die Verantwortlichen zu feuern, ermutigte das Management die Mitarbeiter dazu, darüber nachzudenken, welche Lehren aus diesem offensichtlichen Fiasko gezogen werden könnten. Es wurde ein klassischer Fall der Verwandlung eines Fehlers in einen Bombenerfolg: Die Leute fanden heraus, daß sich das »mißlungene« Produkt in idealer Weise dafür eignete, Notizzettelchen – ohne schmierende Klebstoffspuren – auf Oberflächen zu befestigen. Das Ergebnis? Ein neues, aus dem Büroalltag nicht mehr wegzudenkendes Produkt und Millionen Dollar für 3M!

Absichtlich Fehler machen

Wenn Sie anfangen jonglieren zu lernen, werden Sie garantiert die Bälle fallen lassen, ob Sie es nun wollen oder nicht. Sie werden sich sicherlich noch daran erinnern, daß ein Schlüsselfaktor Ihrer Methode des Jonglierenlernens darin besteht, die Bälle bewußt fallen zu lassen. Indem Sie die Aufgabe vereinfachen und sich ausschließlich auf das Werfen konzentrieren, lernen Sie bei jedem Fallen der Bälle etwas dazu. Das Ergebnis ist, daß Sie lernen, schneller zu jonglieren, mehr Freude daran haben *und* ein besserer Jongleur werden, weil Sie von Anfang an mit Gelassenheit an die Sache herangehen.

Wenn Sie etwas Neues lernen, sollten Sie versuchen, Fehler vorauszusehen. Die meisten Leute geraten beispielsweise ziemlich in Streß, wenn sie lernen, ein Auto mit manueller Gangschaltung zu fahren, und der Motor dann abstirbt, was meist öfters passiert. Besonders enervierend ist es, wenn der Wagen ausgerechnet mitten im dichten Verkehr stehenbleibt. Fahren Sie statt dessen auf einen leeren Parkplatz, und probieren Sie das Abwürgen des Motors aus. Finden Sie heraus, wie es sich anfühlt, wenn man zu stark auf das Gaspedal tritt. Erforschen Sie, wie es ist, wenn man das Kupplungspedal nicht durchtritt. Entspannen Sie sich, während der Motor abstirbt. Sie werden ein Gefühl für das Schalten entwickeln und mehr Kontrolle über den Wagen bekommen. Die kurze Zeitspanne, in der Sie diesen Fahrfehler bewußt üben, wird Sie zu einem viel sichereren Fahrer machen und Ihnen auch zu größerem Fahrvergnügen verhelfen, wenn Sie sich dann tatsächlich auf die Straße wagen.

In den Kampfsportarten beginnt der Weg zur Spitzenleistung damit, daß man zu fallen und zu verlieren lernt. Kampfsportler wissen, daß man wenig Standfestigkeit und ein schlechtes Gleichgewicht hat, wenn man nicht richtig zu fallen versteht. Wenn man nicht weiß, wie man sich werfen lassen muß, wie man verliert, wird man niemals imstande sein, einen Wurf korrekt auszuführen.

Ähnlich verhält es sich bei der Drahtseilakrobatik; auch hier ist es ganz wesentlich, sich zu entspannen, wenn man fällt. Dieses Entspannen ermöglicht es einem, oben zu bleiben, wenn man das Gleichgewicht zu verlieren droht.

Natürlich trainieren Seiltänzer mit einem Sicherheitsnetz, Kampfsportler verwenden Matten, und unerfahrene Autofahrer sollten zuerst auf großen, leeren Parkplätzen üben. Ob wir lernen, richtig zu fallen oder den Motor abzuwürgen – wir lernen am effektivsten, wenn wir das Fehlermachen in einer sicheren Umgebung üben können.

Dann ist es weniger wahrscheinlich, daß wir in den entsprechenden realen Situationen Fehler machen.

Wenn du Erfolg haben willst, verdopple deine Fehlerrate.
Thomas Watson, Gründer von IBM

Fehler auf höherem Niveau

Nachdem Sie die Bälle zum tausendstenmal fallen gelassen haben, werden Sie vielleicht feststellen, daß sie regelmäßig in Ihrer Hand zu landen beginnen. Aber vielleicht wollen Sie jetzt lernen, mit vier Bällen zu jonglieren. Oder sich den berühmten Hinter-dem-Rücken-Trick aneignen. (Siehe Kapitel 8, Jenseits der Unendlichkeit.) Raten Sie, was wieder passieren wird? Genau! Wenn Sie ein höheres Niveau erreichen wollen, werden die Bälle wieder zu Boden fallen. Wenn Sie das Jonglieren mit vier Bällen beherrschen, werden Sie es wahrscheinlich mit fünf versuchen wollen. Und was glauben Sie, was passieren wird? Die Bälle werden öfter zu Boden fallen denn je.

Jetzt, wo Sie über das ungeheure Potential Ihres Gehirns und die angeborene *Erfolgsorientierung* Bescheid wissen, die Ihrem Gehirn von Natur aus zu eigen ist, sind Sie imstande, Ihre Fehler und Mißerfolge in einem neuen Licht zu betrachten – sie als integralen Bestandteil Ihres kontinuierlichen Fortschrittsprozesses zu sehen. Weiterlernen bedeutet, den Prozeß von Versuch und Irrtum auf immer neuen Ebenen voranzutreiben.

- Üben Sie das *absichtliche* Fallenlassen der Bälle.
- Wenn die Bälle fallen, beobachten Sie, wo sie landen, und modifizieren Sie Ihre Würfe entsprechend.
- Nehmen Sie sich die Freiheit, einfach »lockerzulassen«, während Sie sich ganz auf den Wurf konzentrieren.
- Achten Sie auf Ihre Einstellung Ihren Fehlern gegenüber. Wie gehen Sie mit Rückschlägen um?
- Denken Sie an die drei letzten größeren Fehler, die Ihnen unterlaufen sind. Was haben Sie daraus gelernt?
- Wann immer Sie etwas Neues lernen, sollten Sie Fehler vorwegnehmen und sie absichtlich machen, und zwar in einer sicheren Umgebung. Erforschen Sie sie ausführlich, und kosten Sie diese Erfahrung aus.
- Setzen Sie sich klare Ziele, und achten Sie darauf, daß Sie den Prozeß des Erreichens dieser Ziele genießen, denn »es gibt kein dort, wenn man dort angelangt ist«. Der Lernprozeß dauert ein Leben lang an, also sollten Sie sich daran freuen, in höhere Ebenen des Chaos vorzudringen.
- Starten Sie in Ihrer Firma eine Initiative zu einer Reorganisation der Ausbildungsabteilung; dabei sollte auch eine positive Haltung gegenüber dem Lernen aus Fehlern festgeschrieben werden. Beginnen Sie mit dem Vorschlag, die Abteilung in »Abteilung für konstruktives Fehlermachen« umzubenennen.

5 Gewohnheitstiere und neue Kunststücke

Die Analphabeten des Jahres 2000 werden nicht die sein,
die nicht lesen und schreiben können, sondern die,
die nicht lernen, verlernen und neu lernen können.

Alvin Toffler

Vor dem Beginn einer unserer Seminare sagte ein Teilnehmer, er könne nicht jonglieren, weil er wohl zu alt dafür sei. Abgesehen davon, daß er behauptete, kein Ballgefühl zu haben, meinte er auch: »Vielleicht bin ich eben einfach nicht fürs Jonglieren geeignet.« Wir erwiderten, es könne genausogut sein, daß er eine ganz besondere Begabung fürs Jonglieren habe und daß er vielleicht damit beginnen solle, so zu tun, als ob er der größte Ein-Ball-Jongleur der Welt sei.

Am ersten Tag des Kurses beschloß er, sich mit einer optimistischen geistigen Einstellung auf die Perfektionierung seiner Ein-Ball-Technik zu konzentrieren. Am Morgen des zweiten Tages ging er dazu über, das Werfen und Fangen mit zwei Bällen zu üben. Am Nachmittag desselben Tages jonglierte er bereits stolz mit drei Bällen. Nachdem er einige hinderliche Gewohnheiten überwunden hatte, fingen die Bälle an, in seinen Händen zu landen – beinahe wie zufällig. Zu seiner großen Freude gelang ihm seine erste Jonglierkür.

Gehirn und Alter

Was passiert mit Ihrem Gehirn, wenn Sie älter werden? Viele Menschen glauben, daß unsere geistigen und physischen Kräfte mit zunehmendem Alter unweigerlich nachlassen und daß wir ab einem Alter von fünfundzwanzig Jahren tagtäglich eine beträchtliche Anzahl von Gehirnzellen einbüßen. In Wirklichkeit hat ein durchschnittliches Gehirn das Potential, mit dem Alter leistungsfähiger zu werden. Unsere Neuronen sind imstande, unser ganzes Leben lang unglaublich komplexe neue Quervernetzungen zu bilden. Und unsere neuronale Ausstattung ist so ausgestattet, daß wir, auch wenn unser restliches Leben lang jeden Tag 1000 unserer Gehirnzellen abstürben, dennoch am Ende nicht mehr als ein Prozent unserer gesamten Gehirnkapazität eingebüßt hätten (natürlich ist es wichtig, daß nicht gerade jene Gehirnzellen absterben, die Sie tatsächlich verwenden).
Wie kommt es dann, daß so viele Menschen im Alter in ihrer Leistung nachzulassen scheinen? Kurz gesagt lautet die Antwort: aus Gewohnheit. Der Grund sind eingefahrene Denk- und Handlungsmuster. Wenn man älter wird, ist es nur allzu verlockend, in gewissen Routinen zu agieren. Und oft gehen diese Routinen mit der Annahme einher, daß unsere Ausbildung mit dem Tag endet, an dem wir die Schule verlassen, und daß unsere geistigen und physischen Leistungen unweigerlich sinken werden.
Außerdem hatten die meisten Menschen während ihrer Schulzeit wenig Wahlmöglichkeiten bezüglich der Unterrichtsfächer und des Stoffes, den sie lernen mußten. Ob es sich um Singen, Zeichnen, Werken, Sport oder Mathematik handelte – fast jeder Schüler lernte die unerfreuliche Situation kennen, seine Fähigkeiten auf einem Gebiet, das er nicht gut beherrschte, öffentlich unter Beweis stellen zu müssen. Als Erwachsene können wir normalerweise das un-

angenehme und peinliche Gefühl vermeiden, das damit verbunden ist, etwas Neues und Unvertrautes zu lernen, weil wir in bezug auf das, was wir tun und was wir lernen, eine breitere Auswahl haben. Die meisten Erwachsenen beschließen, sich nur auf jene Dinge zu konzentrieren, für die sie von Natur aus offensichtlich begabt sind, und meiden die Bereiche, die sie in der Schule in peinliche Situationen brachten. Die Schule bringt viele Menschen dazu, Herausforderungen und neue und unvertraute Dinge zu scheuen. Das Ergebnis ist, daß sich der Horizont dieser Menschen einengt, wenn sie älter werden.

Die neuesten Forschungsergebnisse im Bereich des Alterns und der menschlichen Leistungsfähigkeit zeigen, daß die meisten Menschen genauso wie Goethe, Verdi, Bertrand Russell, Georgia O'Keeffe, Pablo Picasso, Mstislav Rostropovich, Martha Graham, George Foreman, Nolan Ryan, George Burns und Chateau Mouton Rothschild die Kapazität haben, ihre Leistungen im Alter noch zu steigern. Der Schlüssel zu dieser kontinuierlichen Verbesserung liegt im Hegen und Pflegen einer positiven Einstellung gegenüber dem Altern und dem gleichzeitigen ständigen Ändern unserer Gewohnheiten – also der ständigen Beanspruchung von Körper und Geist – durch neue Lernaktivitäten.

Natürlich brauchen wir unsere Gewohnheiten. Das Leben wäre ohne sie unbequem. Sie sollen ja nicht jeden Morgen eine kreative Übung absolvieren und eine neue Art des Zähneputzens erfinden. Wenn Sie jedoch etwas verändern wollen, dann ist es wichtig zu wissen, wie das zu bewerkstelligen ist. Sehen wir uns einmal an, wie Gewohnheiten in unserem Gehirn entstehen, um auf diese Weise zu lernen, wie wir diese Gewohnheiten ändern können, wenn wir das wollen.

Gewohnheiten als »Bahnen« im Gehirn

Jede Ihrer Gehirnzellen sieht aus wie ein kleiner Tintenfisch mit einem Zentrum und vielen Fangarmen. Jeder dieser Fangarme hat Hunderttausende Verbindungsstellen, die als dendritische Endknöpfe bezeichnet werden. Dendritische Endknöpfe sehen aus wie kleine Champignons und sind die Verbindungsstellen zwischen den Milliarden Gehirnzellen. Jede Gehirnzelle windet ihre Fangarme um die Fangarme von bis zu 10 000 anderen Gehirnzellen, wodurch die vielen Milliarden Champignons zu einem großen fragilen Netz zusammengeschlossen werden. Die Stellen, an denen die Champignons aufeinandertreffen, werden als Synapsen bezeichnet.

Die Funktionsweise Ihres Gehirns läßt sich wie folgt beschreiben: Ein elektrischer Impuls wandert den »Arm« einer Nervenzelle entlang und löst zu einem gewissen Zeitpunkt eine chemische Reaktion in einem bestimmten dendritischen Endknopf aus. Diese chemischen Substanzen überwinden die Lücken der Synapsen und stimulieren die chemischen Substanzen im gegenüberliegenden dendritischen Endknopf, die ihrerseits wiederum eine elektrische Reaktion auslösen, die den »Arm« der Empfängergehirnzelle entlangwandert. Dieser Prozeß setzt sich über die ganze Reihe von Verbindungsgliedern fort; dadurch entsteht eine strukturierte Reizleitungsbahn, die als Spur bezeichnet wird.

Diese komplizierten Muster sind die Bausteine Ihrer Lernkapazität, Ihres Gedächtnisses und Ihrer Gewohnheiten. Wenn irgendeine gelernte Information, ein Gedächtnisinhalt oder eine Gewohnheit wiederholt werden, wiederholt sich dasselbe Muster elektrischer und chemischer Reaktionen in Ihrem Gehirn. Mit jeder Wiederholung wird es für die elektrischen und chemischen Impulse einfacher, die Reizleitungsbahn entlangzuwandern. Es ist so ähnlich, als ob man

durch den Dschungel ginge – beim ersten Mal muß man sich seinen Weg freihacken. Man kommt nur langsam vorwärts, weil man sich durch das Unterholz kämpfen muß. Wenn man denselben Weg ein zweites Mal zurücklegt, ist es schon einfacher, und beim dritten Mal ist es noch leichter ... bis der Weg schließlich ganz frei ist.
Wie Anokhin bestätigt hat, beträgt die Anzahl der Muster, die zu bewältigen unser Gehirn das Potential hat, eine Eins, gefolgt von 10,5 Millionen Kilometern von Nullen. Das weist darauf hin, daß unsere Lern- und Merkkapazitäten und unsere Fähigkeiten, neue Gewohnheiten zu entwickeln und zu etablieren, buchstäblich unbegrenzt sind.
Wieso aber verstricken sich so viele Menschen trotz dieser unendlich großen Kapazität in anscheinend unveränderliche Gewohnheitsmuster? Wenn sich jemand eine Gewohnheit zugelegt hat, dann ist es wahrscheinlich, daß diese Gewohnheit – ob sie nun gut ist oder schlecht – sein Verhalten so lange dominieren wird, bis die »Bahn« für eine neue, stärkere Gewohnheit angelegt worden ist. Das Ändern von Gewohnheiten erfordert eine bewußte »Neuverdrahtung« des Gehirns. Und wie läßt sich das bewerkstelligen?

Es beginnt mit Aufmerksamkeit

Wie viele Gurus, Startrainer, Therapeuten und Coaches braucht man, um eine Glühbirne auszuwechseln? Nur einen, aber die Glühbirne muß willens sein, sich auswechseln zu lassen. Natürlich muß sie, um die Änderung *wollen* zu können, zuerst wissen, daß diese Änderung *nötig* ist.
Wie Sie aus Kapitel 2 noch wissen werden, bleiben viele Menschen in der Gewohnheit stecken, die Bälle direkt entlang der Grundlinie der Box weiterzureichen (Ballübernehmen statt Kaskade). In den meisten Fällen sind die Men-

schen, die dies tun, der Meinung, sie würden ohnehin Kaskaden werfen, während sie in Wirklichkeit nur den Ball von Hand zu Hand weiterreichen. Wenn sie sich selbst in einem Spiegel oder auf einem Video sehen oder Feedback von einem Partner oder Coach bekommen, beginnen sie zu erkennen, was sie in Wirklichkeit tun.

In dem Film *Zeit des Erwachens* spielt Robert DeNiro einen Insassen einer psychiatrischen Anstalt. In einem Gespräch mit einer Kommission der psychiatrischen Leiter wird er gefragt: »Ist Ihnen klar, daß Sie dieser Kommission ständig unbewußte Signale von Feindseligkeit geben?« Und DeNiro antwortet: »Wenn diese Signale unbewußt sind, wie könnte ich mir dann darüber klar sein?«

Bevor wir eine Gewohnheit oder eine Verhaltensweise ändern können, müssen wir sie uns bewußtmachen. Der erste Schritt im Veränderungsprozeß heißt Bewußtheit.

Wenn man sich eine Gewohnheit bewußtgemacht hat, kann man das eigene Hemmpotential aktivieren. Es geht hier nicht um Hemmung im Freudschen Sinn, sondern vielmehr um das neuromuskuläre Äquivalent des Neinsagens. Bevor Sie die Bälle in einer Kaskade werfen können, müssen Sie das Ballübergabemuster beenden. Sie werden sich noch daran erinnern, daß wir Ihnen empfohlen haben, zu diesem Zweck den ersten Ball zu werfen und dann eine *Pause* zu machen. Die Pause ermöglichst es Ihnen, die Aktivität der alten neuromuskulären Bahnen, die für Ihre Gewohnheit verantwortlich sind, zu hemmen und zu stoppen.

Sie sind jetzt dazu bereit, neue neuromuskuläre Bahnen zu kreieren, die auf visualisierten Bildern beruhen, die Sie nach den Anweisungen eines Coachs kreieren, auf Internalisierungen von Spitzenleistungen oder auf Ihren eigenen Vorstellungen und Ideen davon, was noch besser wirken könnte. Je klarer und multidimensionaler Ihre Vision ist, desto leichter ist es, eine neue »Bahn« einzurichten.

Aufmerksamkeit, Hemmung und Visualisierung sind notwendige Bestandteile für den Prozeß der Veränderung, aber sie bleiben wirkungslos, wenn nicht der machtvolle Faktor des Engagements dazukommt. Engagement ist der Eckpfeiler jeder kreativen Veränderung.

Abweichungen von der Bahn

Eine weitverbreitete Falle auf dem Weg zur Veränderung ist die Illusion, man schaffe neue Bahnen, während man in Wirklichkeit nur alte verstärkt. Wir nennen dieses Phänomen »falsches positives Denken«. Diese Form des Denkens ist subtil und gefährlich.

Ein klassisches Beispiel hierfür ist der Fall des Profigolfers, der beim fünften *Tee* eines größeren Turniers seinen Ball viermal hintereinander in ein Wasserloch beförderte. Dieses Mißgeschick wurde sowohl zum Anlaß für Spötteleien als auch zum Zentrum der allgemeinen Aufmerksamkeit, und Journalisten fragten beharrlich, was er nun dagegen zu unternehmen gedenke. Er antwortete, er werde sicherstellen, daß es ihm *im nächsten Jahr nicht mehr passieren werde*. Als er dann zwölf Monate später wieder antrat, konnten es die Journalisten gar nicht erwarten, ihn zu interviewen und nach seinen Gedanken in bezug auf das fünfte *Tee* zu befragen.

Der Golfer antwortete, er habe ein Jahr damit verbracht, positiv zu denken und sich zu versichern, daß dieser schreckliche Fehler gewiß nicht wieder passieren werde. Er nahm voller Zuversicht das fünfte *Tee* in Angriff und ... schlug den Ball mit noch größerer Präzision in das Wasserloch als bei den ersten vier Malen! Wieso? Er war zwar der Meinung gewesen, er denke positiv, aber in Wirklichkeit hatte er sich das ganze Jahr darauf konzentriert, den Ball *nicht* in das

Wasserloch zu schlagen, und dabei permanent und höchst lebendig die vier Schläge visualisiert, mit denen er den Ball in das Wasserloch befördert hatte. In der Illusion, er denke positiv, hatte er negatives Denken geübt – und damit durchschlagenden Erfolg gehabt.

Wenn man erfolgreich etwas verändern will, muß man denken »Ich *werde* tun, was ich tun will« und nicht »Ich werde *nicht* tun, was ich *nicht* tun will«. Im Falle des Golfers heißt das, daß er sich, anstatt immer an seinen Fehler zu denken, besser auf das fünfte Loch hätte konzentrieren sollen, auf das Gefühl des perfekten Schlages und auf die ideale Flugbahn des Balles, der schließlich genau im Loch landete; auf diese Weise hätte er die entsprechenden neuromuskulären Bahnen angelegt.

Ihre Absichten bewirken, daß neuromuskuläre Verbindungen geknüpft werden, und Sie haben es in der Hand, die Qualität dieser Verbindungen zu bestimmen. Wenn Sie Engagement, Aufmerksamkeit, Hemmung und geeignete positive Visualisierung miteinander kombinieren, *wecken Sie sozusagen Ihr Gehirn auf, ja, Sie erschaffen es buchstäblich neu.*

Sie können etwas ändern

Die Geschichte der Menschheit ist voll von dramatischen Beispielen von Menschen, denen es sogar trotz scheinbar unüberwindlicher Hindernisse gelang, wesentliche Änderungen in ihrem Leben zu vollziehen. So finden sich beispielsweise im Bereich der Medizin Fälle von todkranken Patienten, die sich selbst heilten, indem sie die Kräfte ihres Gehirns zu Hilfe riefen.

In *Anatomy of an Illness* beschreibt Norman Cousins seine Reaktion auf die Mitteilung seines Arztes, er habe nur noch sechs Monate zu leben. Anstatt zu resignieren und sich mit dem Tod im Spital abzufinden, zog Cousins in ein Hotel. Dann besorgte er sich einen Filmprojektor und sah sich lustige Filme an, er las humorvolle Geschichten und brachte sich selbst zum Lachen. Er meditierte, ernährte sich gesund und praktizierte positives Denken. Er trotzte seinem »Todesurteil«, er blieb am Leben und schrieb in der Folge noch eine Reihe von Bestsellern über Selbstheilungskräfte.

Natürlich ist es möglich, daß man eine positive Einstellung hat und dennoch stirbt. Und doch gibt es einen konstanten Faktor in all den Geschichten über spektakuläre Heilungen und Besserungen gegen jede Wahrscheinlichkeit: den absoluten Willen zur Veränderung.

Der Jongleur Kit Summers gab ein aufbauendes Beispiel. Im Jahr 1977 errang er den ersten Platz in einer landesweit im TV übertragenen Talente-Show. Er stellte einen Weltrekord auf, indem er dreißigmal mit sieben Keulen jonglierte, und 1979 wurde er Jongliertrainer im Ringling-Brothers-Zirkus. 1982 trat er als Star in einem großen Casino auf. Und dann wurde er auf dem Weg zur Arbeit beim Überqueren der Straße von einem Laster angefahren. Nach siebenunddreißig Tagen im Koma wachte er auf und mußte feststellen, daß er nicht gehen, sprechen, selbständig essen und vor allem nicht jonglieren konnte. Mit erstaunlicher Geduld, Hingabe und Disziplin begann Kit, unter großen Mühen an seiner Genesung zu arbeiten. Am ersten Jahrestag seines Unfalls trat Kit in der Öffentlichkeit auf, und obwohl sein Können noch nicht ganz dem früheren Niveau entsprach, war er auf dem besten Weg, seinen Platz als einer der besten Jongleure der Welt wiederzuerobern. Kit hält mittlerweile auch Motivationsreden von Weltformat und ist ein erfolgreicher Autor. Sein Geheimnis? Hundertprozentiger Einsatz, Glauben an sich selbst und schrittweises Setzen von Zielen.

An dem Abend, an dem er zum ersten Mal wieder auftrat,

gaben Kits Freunde zu seinen Ehren eine Party unter dem Motto: »Wir sind froh, daß wir am Leben sind.« Feiern Sie jeden Tag, daß Sie leben. Leben Sie Ihre Wünsche aus. Lernen Sie, was Sie immer lernen wollten. Warten Sie nicht, bis Sie von einem Lastwagen angefahren werden oder eine tödliche Krankheit bekommen, um die Dinge zu ändern, die Sie davon abhalten, Ihr Leben voll auszukosten. Welche Gewohnheiten Sie auch immer haben, wie alt Sie auch sein mögen, Sie können etwas ändern ... Sie können lernen.

Anleitung zur Veränderung

- Bekennen Sie sich zum Prozeß des Wachstums und zur kontinuierlichen Verbesserung. Nehmen Sie sich vor, mit zunehmendem Alter besser zu werden.
- Lernen Sie jeden Tag etwas Neues.
- George Burns sagte, das Geheimnis eines langen, glücklichen Lebens bestehe darin, das zu tun, was man gern tue. Arbeiten Sie daran, das zu entdecken, was Sie mögen, und tun Sie es. Finden Sie dann einen Weg, dafür bezahlt zu werden.
- Halten Sie sich fit. Ein großer Teil der Symptome, die unter Senilität subsumiert werden, sind auf eine mangelhafte Sauerstoffversorgung des Gehirns zurückzuführen. Der Grund für diesen Mangel liegt oft in jahrelanger unzureichender Bewegung und schlechten Ernährungsgewohnheiten. Wenn sich die Arterien verstopfen, verschlechtert sich die Blutversorgung des Gehirns. Das Blut transportiert den Sauerstoff, den Ihr Gehirn braucht, um neue Verbindungen herzustellen. Im Rahmen eines faszinierenden Experiments wurde einer Gruppe älterer Menschen ein Intelligenztest vorgelegt, und danach hielten sie sich fünfzehn Minuten lang in einem Sauerstoffzelt auf. Als sie nach

der »Sauerstoffdusche« erneut getestet wurden, waren ihre Intelligenzwerte signifikant höher! Um Ihre Lernkapazität ein Leben lang steigern zu können, müssen Sie dafür sorgen, daß Ihr Gehirn ausreichend mit Sauerstoff versorgt wird, indem Sie vernünftig essen und sich regelmäßig Bewegung verschaffen.

- Leben Sie Ihre Träume aus!
- Suchen Sie sich eine Gewohnheit, die Sie gern ändern würden. (Hinweis: Beginnen Sie mit einer einfachen Gewohnheit wie etwa damit, daß Sie während des Sprechens »äh« oder »mh« sagen.) Nehmen Sie sich fest vor, sie zu ändern. Arbeiten Sie mit Aufmerksamkeit, Hemmung und Visualisierung.
- Halten Sie Ausschau nach Abweichungen von Ihrem Weg. Achten Sie auf negative Denkmuster, und ändern Sie sie in positive.
- Vielleicht ist Ihnen aufgefallen, daß die Zeit um so schneller zu vergehen scheint, je älter Sie werden. Deshalb sollten Sie jetzt anfangen, das zu lernen, was Sie immer schon lernen wollten – Sie werden schneller gut darin sein, als Sie denken.

6 Die Kunst der entspannten Konzentration

Wenn wir in unseren Jonglierkursen ankündigen, daß nun eine Lektion im Jonglieren mit drei Bällen auf dem Programm steht, fragen die Leute oft: »Wie kann ich auch nur daran denken, mit drei Bällen klarzukommen, wenn ich noch nicht einmal mit zweien sicher umgehen kann?« Wenn sie nur an das Jonglieren mit drei Bällen *denken*, werden sie schon verspannt und halten den Atem an. In diesem Zustand der Angst ist das Jonglieren mit drei Bällen buchstäblich unmöglich. Die Vorstellung, daß etwas schwierig sein wird, macht es oft tatsächlich schwierig.

Wenn das passiert, bitten wir die Kursteilnehmer, sich ihre Atmung und ihren körperlich-geistigen Zustand bewußt zu machen. Sie sind oft erstaunt, wie ein einfacher Gedanke ihre Anspannung bewirken konnte. Wir weisen darauf hin, daß ihr angstbestimmtes »psychophysisches Vorurteil« zu einer negativen, sich von selbst erfüllenden Prophezeiung geworden ist.

Dann erklären wir, daß wir ihnen eine zweite Chance geben werden, eine Gelegenheit, dieses Muster zu vermeiden und das Jonglieren mit drei Bällen in einem Zustand entspannter Konzentration zu versuchen. So verkünden wir nochmals: »Also, wir werden jetzt das Jonglieren mit drei Bällen lernen!«

Die Teilnehmer reagieren meist mit Lachen und zeigen Begeisterung: »Großartig!« – »Wie wär's mit vier Bällen?« – »Bringt die Kettensägen und die brennenden Keulen!« Und so unwahrscheinlich es auch klingt: Die Körperhaltung wird lockerer, die Augen leuchten, die Atmung wird intensiver und freier, und die Teilnehmer sind auf Erfolg eingestellt.

Sie haben den Rhythmus im Blut

Das Leben ist von Natur aus ein rhythmisches Muster aus Kontraktion und Expansion, ein inneres Pulsieren, das man am Beispiel eines einfachen Lebewesens, nämlich einer Amöbe, deutlich erkennen kann. Wenn die Amöbe berührt wird oder wenn man sie anderweitig stört, dann zieht sie sich sofort zusammen und wird starr; das natürliche Pulsieren wird schwächer. Wenn die idealen Bedingungen wiederhergestellt sind, kehrt die Amöbe wieder zu ihrem natürlichen Rhythmus zurück. Wenn sie jedoch kontinuierlich gestört wird, denn hört das natürliche Pulsieren auf.

Dieses grundlegende Muster ist allen Lebewesen gemeinsam, auch den Menschen. Ein gesunder Säugling zeigt dasselbe innere Pulsieren. Er atmet frei, und seine elastischen Bewegungen und seine Augen strahlen Lebendigkeit aus – eine ganz natürliche Form von entspannter Konzentration. Diese Eigenschaft gibt dem Baby eine Offenheit und eine furchtlose Neugier, die es ihm ermöglicht, mit einer unglaublichen Geschwindigkeit zu lernen.

Was passiert mit dieser Freiheit, der Offenheit und der Begeisterung für das Lernen? Sie sind stark gefährdet und werden oft von Ängsten erstickt. Die Angst vor Versagen (und Erfolg); Angst vor dem Unbekannten, Angst vor Lächerlichkeit, Peinlichkeit, Demütigung; Angst vor Zurückweisung und vor Liebesentzug.

Diese Ängste beeinflussen uns physisch und psychisch, sie unterminieren unsere natürliche Koordination zwischen Körper und Geist und beeinträchtigen unsere Lernfähigkeit. Um unseren natürlichen, leistungsstarken Zustand der entspannten Konzentration wieder zu aktivieren, ist es notwendig, die Energie, die in der Angst steckt, zu transformieren. Fangen wir an, indem wir versuchen, die Ursachen und die Funktionsmechanismen der Angst zu verstehen.

Wie man Angst lernt

Übertragung seitens der Eltern. Babys sind geborene Schauspieler. Sie imitieren Mama und Papa. Ihre Sensitivität und Empfänglichkeit ist so groß, daß sie nicht nur auf Worte und Geräusche reagieren, sondern auch auf die tief im Inneren ihrer Eltern verborgenen Ängste und Spannungen, die deren Verhalten oft beeinflussen.

Ein gutes Beispiel für die Übertragung von Angst kann beispielsweise das Laufenlernen eines Kindes sein. Babys sind Meister des Lernens durch Versuch und Irrtum, und sie fallen oftmals hin. Sie tun das in entspannter Art und Weise, fast so, als ob es ihnen angenehm sei, und dadurch wird es sehr unwahrscheinlich, daß sie sich weh tun. Ängstliche Eltern jedoch rufen bei ihren Babys oft Schock- oder Angstreaktionen hervor, indem sie ihre eigene Angst in bezug auf das, was das Baby tut, kommunizieren (»O mein Gott, du wirst dir *weh tun*!«).

Eine weitere häufige Ursache für die Übertragung von Angst sind die überängstlichen Versuche von Eltern, ihre Kinder zu sozialisieren und »nette kleine Jungen und Mädchen« zu produzieren. Eine neuere Studie hat ergeben, daß das durchschnittliche Kind die Kommandos »Nein!«, »Nicht!« oder andere negative Instruktionen mindestens 400mal pro Tag zu hören bekommt. Diese übermäßig negative Programmierung fordert ihren Tribut, denn sie behindert die Spontaneität und die Freude am Lernen.

Schule. Trotz der negativen Bestärkung, die viele Kinder von ihren Eltern erfahren, kommen sie oft in einer ganz annehmbaren Verfassung in die Schule. Die meisten Erstkläßler zeigen eine natürliche Neugier und Offenheit, die sich in einer entspannten, aufrechten, aufmerksamen Haltung manifestieren. Bis zur zweiten oder dritten Klasse läßt sich diesbezüglich jedoch schon eine merkbare Verschlechterung feststellen. Verkrampfte Schultern und gespannte Gesichter werden mit jedem weiteren Schuljahr häufiger, so daß bis zum Ende der Schulzeit die Schüler meist einerseits in sich zusammensacken und andererseits verspannt sind. Diese Entwicklung ist teilweise eine Folge des kläglichen Versuchs, mit dem wachsenden Körper zurechtzukommen, während man über lange Zeitspannen hinweg still auf einem Platz sitzen muß, Tag für Tag, Jahr für Jahr. Aber die wichtigste Ursache für den Verlust der natürlich-entspannten Haltung ist die Angst vor Versagen und Bloßstellung, die sich wie ein roter Faden durch unser Schulsystem zieht. Denken Sie an Ihr erstes oder zweites Schuljahr zurück. Können Sie sich an eine Gelegenheit erinnern, als der Lehrer eine Frage stellte und eines der Kinder in Ihrer Klasse wild mit der Hand winkte und dabei etwas in der Art rief: »Oh, bitte ich, ich weiß es!« und dann mit einer wirklich originellen, kreativen Antwort herausplatzte. Aber damals sagte der Lehrer: »Nein! Falsch! Das ist nicht die Antwort, die ich hören wollte!« Und alle Kinder in der Klasse begannen zu lachen: »Ha, ha, ha ... was für ein Dummkopf!« Und eine leise Stimme im Inneren des Schülers sagte: »Mach so etwas nie, nie wieder!«

Die meisten Menschen lernen, daß es in der Schule nicht um Ausdruck der eigenen Persönlichkeit, um Originalität oder Kreativität geht. Gefragt ist vielmehr, die richtige Antwort zu geben, es den Autoritäten recht zu machen und die Demütigung und Ächtung zu vermeiden, die mit jedem Fehler verbunden sind.

Diese Angst vor Versagen führt zu einer Tendenz, Aktivitäten oder Themen zu meiden, die einem nicht ganz leichtfallen. Wir nennen dies das »Ich kann das nicht«-Phänomen, das man auf der ganzen Welt beobachten kann. Das »Ich kann es nicht« stellt eine negative, sich selbst erfüllende Prophezeiung auf psychophysischer Ebene dar – Körper und Geist konspirieren, so daß das Versagen unausweichlich wird. Ein typisches Beispiel ist die Geschichte eines unserer Kursteilnehmer, der eine solche »Ich kann es nicht«-Einstellung in bezug auf das Singen entwickelte:

> »Es war Chortag in der Schule, und alle Kinder sangen begeistert. Plötzlich ließ der Lehrer den Chor einhalten und sagte, jemand singe falsch. Er sagte, daß wir alle einzeln nach vorn kommen und ein paar Takte solo singen müßten, damit er das an den Mißklängen schuldige Kind finden könne. Als ich an der Reihe war, fühlte ich mich völlig verängstigt. Alles, woran ich mich erinnern kann, ist, daß ich glaubte, ich müsse ersticken, und ich gab ein schreckliches kreischendes Geräusch von mir, und alle anderen Kinder begannen zu lachen. Ich habe seit damals nie wieder gesungen. Jedesmal, wenn ich auch nur ans Singen denke, werde ich stocksteif.«

Andere klassische Beispiele für »Ich kann das nicht« sind unter anderem: Ich kann nicht zeichnen, tanzen, ich begreife Mathematik nicht, ich kann keine Ordnung halten, ich kann nicht kreativ sein, vor Publikum sprechen (laut *The Book of Lists* liegt die Angst vor dem Sprechen vor Publikum in Amerika und Großbritannien in der Hitliste der Ängste an erster Stelle, also noch vor der Angst vor einem Atomkrieg oder vor finanziellem Ruin!).
Andere heimtückische Beispiele sind: Ich kann nicht glücklich sein, genug Geld verdienen, mit meinem Partner/meiner

Partnerin zurechtkommen, und – ob Sie es glauben oder nicht – jonglieren!
Diese negativen Suggestionen sind deshalb so hinterhältig, weil sie sich sowohl im Körper als auch im Geist festsetzen. Sie sabotieren unsere natürliche Haltung der Sicherheit und Gelassenheit und die entspannte Konzentration. Um die uns von Natur aus eigene entspannte Konzentration voll und ganz wiederzugewinnen, müssen wir einen Weg finden, uns selbst von den psychophysischen Effekten unserer »Ich kann das nicht«-Gewohnheiten freizumachen. Wir sind dazu besser imstande, wenn wir ein tieferes Verständnis für die Art und Weise entwickeln, in der Angst Körper und Geist beeinflußt.

Mechanismen der Angst

Was passiert in unserem Körper und in unserem Geist, wenn wir uns fürchten? Die folgenden Forschungsergebnisse werden Ihnen helfen, die Mechanismen der Reaktion auf Angst zu verstehen.

Das Schreckmuster. Dr. Frank Pierce Jones vom Tuft's Universitätsinstitut für Psychologische Forschung führte folgendes Experiment durch: Er forderte 1000 Personen hintereinander dazu auf, aufrecht und möglichst bequem dazustehen. Jones schloß jede Versuchsperson an elektromyographische Geräte an und installierte gleichzeitig eine Reihe von stroboskopischen Kameras, um die Reaktionen der Person auf ein unerwartetes, lautes Geräusch zu messen und zu erfassen. Er stellte fest, daß alle Personen auf den Lärmreiz eine praktisch völlig identische Reaktion zeigten. Sie zwinkerten, spannten die Nackenmuskulatur und die Gelenksbereiche ihres Körpers und hielten den Atem an.

Jones nannte diese Reaktion das »Schreckmuster«, und nachfolgende Untersuchungen ergaben, daß es sich dabei wirklich um eine universelle Reaktion auf Angst handelt. Jones stellte fest, daß Sorgen, vage Befürchtungen, Ängstlichkeit und Depression sich ähnlich manifestieren, aber langsamer und auf heimtückischere Weise. Jones beobachtete – und die Autoren ebenfalls –, daß die meisten Menschen jeden Tag in einer modifizierten Form des Schreckmusters leben; wir tendieren dazu, eine psychophysische Prädisposition für eine angstvolle Art des Reagierens zu schaffen.

Verlust des ausgeglichenen Ruhezustandes. In seiner ursprünglich an Katzen durchgeführten Studie, die er später auf alle Säugetiere erweiterte, beobachtete Rudolf Magnus, daß Katzen einen Großteil ihrer Zeit in einer von ihm als »ausgeglichener Ruhezustand« bezeichneten Verfassung verbringen. Dieser Zustand zeichnet sich durch Entspanntheit bei gleichzeitiger Bereitschaft zur Aktivität aus.

Magnus beobachtete, daß eine Katze, wenn sie eine Maus sieht, sofort den Kopf in Richtung der Maus dreht und sich in absolut koordinierter Weise auf einen Angriff vorbereitet. Magnus bezeichnete diese Bewegung als den »Attitudinalreflex«. Magnus beobachtete, daß die Katze ihren Kopf wieder abwendet und in den ausgeglichenen Ruhezustand zurückkehrt, sobald die Maus wieder außerhalb ihrer Reichweite ist. Er nannte das den »Rückstellreflex«. Magnus stellte fest, daß bei allen Bewegungen der Katze »der Kopf führt und der Körper folgt«.

Die Kombination der Arbeiten von Jones und Magnus lehrt uns, daß das Schreckmuster dadurch, daß es das Kopfgleichgewicht stört, *die Effektivität unserer »Rückstellreflexe« beeinträchtigen kann, wodurch es zu einem gewohnheitsmäßigen »Attitudinalmuster« wird.* Diese »Schreckhaltung« wirkt einem natürlichen, ausgeglichenen Ruhezustand entgegen.

Downshifting ist ein Ausdruck, der von Dr. Leslie Hart geprägt wurde, um eine Angstsituation zu beschreiben, die das Gehirn dazu bringt, sozusagen die Verbindung zu sich selbst abzubrechen. In solchen Situationen löst sich die Großhirnrinde (der evolutionsgeschichtlich höher entwickelte Teil Ihres Gehirns, der Sitz des Intellekts und der rationalen Gedanken ist) von den niedrigeren und primitiveren Teilen Ihres Gehirns, die in gefährlichen Situationen das Kommando übernehmen. Wenn Nackenverspannung, flache Atmung und ein modifiziertes Schreckmuster zur Gewohnheit werden, wird Downshifting zur Norm. Viele Menschen, die als von ihrer genetischen Disposition her als unintelligent eingestuft wurden, sind im Grunde durchaus kompetent, was ihr Gehirn betrifft, sind aber in einem Downshift-Assoziationsmuster steckengeblieben.

Ihre Einstellung gegenüber dem Lernen und dem Leben. Ein gewohnheitsmäßiges Schreckmuster stört den ausgeglichenen Ruhezustand und zementiert ein »Downshifting« unserer Lernfähigkeit. Es verzerrt die Wahrnehmung, schränkt die mentale und physische Flexibilität ein und führt oft zu kontraproduktiven gewohnheitsmäßigen Handlungsmustern – wie beispielsweise im Vermeiden neuer Lernerfahrungen und im Suchen von Entschuldigungen für ein Versagen –, bevor überhaupt ein Versuch unternommen wurde. Vielleicht ist Ihnen aufgefallen, wie sich die Einstellung von Menschen gegenüber ihrem Leben an ihren Körpern bemerkbar machen kann: die zusammengepreßten Kiefer und die aggressive Haltung des chronisch ärgerlichen Menschen; die gebeugten Schultern und die unterwürfige Pose des Versagers; die hochgezogenen Augenbrauen und das permanente spöttische Lächeln des Snobs. Für die meisten Menschen sind die persönlichen Symptome des Schreckmusters komplexer und ausgefeilter als die Karikaturen, die wir soeben beschrieben haben. Dennoch – wenn wir es versäumen, uns selbst zu beobachten und dafür die ganze Kraft unseres Bewußtseins einsetzen, ist es nur allzu einfach, sich in angstbestimmten, selbstbeschränkenden, psychophysischen »Ich kann das nicht«-Mustern zu verheddern. Wie können wir uns von den Auswirkungen »gewohnheitsmäßigen Schreckens« freimachen und unsere wunderbare Lernkapazität aktivieren?

Das Transformieren der Angst

Erkennen. Wie wir im vorhergehenden Kapitel betont haben, ist Veränderung von Bewußtheit abhängig. Sobald Sie die Ursachen und Manifestationen der Angst in Ihrem eigenen Leben erkannt haben, werden sie der Veränderung besser zugänglich.

Anerkennen, Verstehen und Akzeptieren sind machtvolle Verbündete, wenn es um das Umwandeln der Angst geht. Angst ist ein universelles Phänomen. Niemand – nicht einmal Clint Eastwood oder Margaret Thatcher – ist dagegen immun. Manche Menschen verbringen ihr ganzes Leben damit, vor der Angst davonzulaufen. Manche versuchen, sie hinter einer Maske aus Arroganz oder Selbstgerechtigkeit zu verbergen. Andere suhlen sich förmlich in ihr und werden von ihr überwältigt.
Es braucht wirklich Mut, unsere Ängste anzuerkennen. Wenn wir zu mehr Selbstverständnis und zu einer tieferen Akzeptanz unserer selbst finden, wird die Energie der Angst in Begeisterung und Leidenschaft verwandelt. Machen Sie Ihre Angst zu Ihrem Verbündeten, erhöhen Sie Ihre Konzentration und schärfen Sie Ihre Aufmerksamkeit. Und denken Sie daran, es gibt oft nichts zu fürchten als die Furcht selbst.

Studieren Sie gute Vorbilder. Beobachten Sie Babys, Champions und andere Hochleistungslerner und konzentrieren Sie sich dabei spezifisch auf deren Art und Weise, mit Situationen umzugehen, die bei anderen vielleicht Schreckmuster-Reaktionen hervorrufen würden.

Ein klassisches Beispiel ist die Leistung des Olympiasiegers im Tauchen, Greg Louganis. Beim vorletzten Sprung im Kampf um die Goldmedaille rutschte Louganis aus und schlug mit dem Kopf auf das Sprungbrett. Die meisten Teilnehmer hätten an diesem Punkt aufgegeben und sich ins Krankenhaus bringen lassen. Louganis jedoch nahm den Kampf wieder auf, er absolvierte den letzten Sprung, und nachdem er sich konzentriert und den perfekten Hechtsprung visualisiert hatte, errang er eine glatte »10« und bekam die Goldmedaille. Der Schlüssel zu diesem Erfolg lag in seiner Fähigkeit, seinen Körper und Geist gerade in einer Belastungssituation zu öffnen, die normalerweise Verkrampfung bewirkt. Champions wie Greg Louganis leben nach dem Motto: »Spür die Angst, und tu es trotzdem.«

Alles, was Sie bis jetzt in *Die Kunst des Jonglierens* gelernt haben, ist dazu gedacht, Ihnen bei der Transformation der Angst in Erfolg zu helfen und Ihr volles Lernpotential zu aktivieren, indem »Ich kann das nicht« in »Ich kann das« umgewandelt wird. Wenn Sie große Vorbilder nachahmen, Visualisierung praktizieren, das ungeheure Potential Ihres Gehirns schätzen und Ihre Fehler lieben lernen, wird Ihr Vertrauen in Ihre Lernfähigkeit wachsen. Wenn Ihr Selbstvertrauen steigt, werden Sie beim Jonglieren, beim Lernen und im Leben insgesamt mehr Erfolg haben. Wenn Sie erfolgreicher werden, wird Ihr Selbstvertrauen noch weiter zunehmen.

Es gibt nur einen kritischen Punkt. Wir haben es permanent durchblicken lassen, aber jetzt ist es an der Zeit, es explizit auszusprechen: Wenn Sie nach echter Veränderung und nach immer intensiveren Ebenen des Lernens trachten, müssen Sie dafür einen Ansatz wählen, der Körper und Geist gleichermaßen einbezieht. Sie müssen lernen, Ihre Fähigkeit zur entspannten Konzentration und zur Koordination von Körper und Geist zu aktivieren. Sie müssen lernen, Ihre natürliche Haltung der Sicherheit und Gelassenheit wiederzugewinnen, indem Sie sich selbst vom Erbe des Schreckens freimachen.

Die Haltung der Sicherheit und Gelassenheit – ihr natürlicher Zustand

Beobachten Sie ein kleines Kind beim Spielen mit einem Ball oder einen Massai beim Tanzen, und Sie werden sich von den aufrechten, freien, eleganten Bewegungen berührt fühlen. Studieren Sie große Künstler wie Fred Astaire, Ella Fitzgerald, Joe Montana oder Meryl Streep, und Sie werden feststellen, daß das, was sie tun, wie ein Kinderspiel wirkt. Beobachten Sie einen Tiger, der sich an seine Beute heranpirscht, einen Flamingo, der zum Flug ansetzt, oder eine Gottesanbeterin, die ein Insekt frißt, und Sie werden Zeuge außergewöhnlicher Grazie und perfekter Ökonomie der Bewegung werden.

Das ist Sicherheit und Gelassenheit. Die richtige Menge an Energie am richtigen Ort zur richtigen Zeit. Das Ergebnis ist sowohl in Bewegung als auch im Ruhezustand in mechanischer Hinsicht effizient und zudem ästhetisch ansprechend. Die Leute meinen oft, Sicherheit und Gelassenheit sei etwas, was man entweder habe oder nicht. In gewissem Sinn stimmt das: es ist etwas, was *jeder* hat. Wenn Sie schon irgendwann im Leben einen Moment erlebt haben, in dem alles wie von Zauberhand gelenkt klappte, dann wissen Sie, was wir meinen.

Wenn Sie schon mit der Jongliermethode gearbeitet haben,

die wir in *Die Kunst des Jonglierens* vorgestellt haben, dann haben Sie wahrscheinlich herausgefunden, daß man die besten Resultate erzielt, wenn man angemessene Anstrengungen unternimmt. Wenn Sie sich zu sehr bemühen, verkrampfen Sie sich, und Sie fühlen sich überfordert, wenn die Bälle so schnell und in alle Richtungen durch die Luft fliegen. Wenn Sie andererseits versuchen, sich zu entspannen, werden Sie möglicherweise feststellen, daß Sie sich nicht gut genug konzentrieren können, um die Bälle präzise zu werfen. Richtig lernen können heißt auch, das richtige Maß an Anstrengung für die jeweils anstehende Aufgabe zu finden. In vielen Lebensbereichen ist es möglich, Resultate zu erzielen, indem man sich besonders anstrengt, aber in manchen Fällen funktioniert das nicht. Sie werden beispielsweise Ihren Abschlag oder Ihre Sicherheit und Gelassenheit beim Golf oder Ihr Liebesleben nicht verbessern können, indem Sie sich besonders anstrengen. Wenn man sich besondere Mühe gibt, kann man falsche Reaktionsmuster noch verstärken. Wenn man das Falsche mit noch mehr Intensität tut, macht man die Sache damit kaum je besser. Etwas Neues zu lernen zwingt uns dazu, etwas Altes zu verlernen.

Gib auf, dich besonders anzustrengen, aber gib nie auf.
Anonym

Der Weg ist das Nichthandeln, doch bleibt nichts ungetan.
Laotse

Worin besteht das Geheimnis des Rückgängigmachens alter Streß- und Spannungsmuster? Wie können Sie mit weniger Anstrengung bessere Ergebnisse erzielen? Bevor wir Näheres dazu erläutern, sollten Sie die folgende Geschichte lesen, die ein Beispiel für angemessene Anstrengungen darstellt:

Vor einer ganzen Reihe von Jahren wurde ein Meisterjongleur zu Rate gezogen, als es darum ging, ein Problem zu lösen, das im Zusammenhang mit dem Computersystem eines Riesenkonzerns stand. Techniker hatten rund um die Uhr gearbeitet, um das System wieder in Ordnung zu bringen, doch alle Mühe war vergeblich gewesen. Der Jongleur stellte einige wenige Fragen, ging dann zum Zentralrechner und klopfte dreimal dagegen. Im selben Augenblick funktionierte das System wieder. Der Meister legte eine Rechnung über $ 100 000 vor. Obwohl seine Intervention dem Konzern Millionen erspart hatte, war der Finanzchef entsetzt über die Höhe der Forderung. Er fragte den Meisterjongleur, weshalb er für eine Arbeit, die doch nur wenige Sekunden in Anspruch genommen hatte, so viel Geld verlange. Der Meister antwortete: »Ich habe Ihnen $ 1 für das Klopfen verrechnet und $ 99 999 dafür, daß ich wußte, *wo* ich klopfen mußte.«

Das Geheimnis des Verlernens, des Aktivierens der Kraft, die in der richtigen sicheren und gelassenen Haltung liegt, beginnt damit, daß man weiß, wo man klopfen muß. Wie wir durch unsere Untersuchung des Schreckmusters erkannt haben, beginnt jede Störung unserer natürlichen sicheren und gelassenen Haltung mit Spannung, die sich zuallererst in einer Kontraktion der Nackenmuskeln manifestiert. Diese Verkürzung des Nackens stört das Gleichgewicht des Kopfes in bezug auf den Körper. Ihr Kopf ist der Sitz Ihres Gehirns und das Zentrum Ihres Gleichgewichts-, Seh- und Gehörsinnes, und aus diesem Grund kann die Wichtigkeit des Kopfgleichgewichtes gar nicht hoch genug eingeschätzt werden! Darüber hinaus sitzen in Ihrer Halswirbelsäule (das heißt in Ihrem Nacken) Rezeptoren, die für ein gut Teil des kinästhetischen Feedbacks verantwortlich sind, das Ihnen die Orientierung im Raum ermöglicht. Ihr kinästhetischer Sinn fun-

giert als Brücke zwischen Körper und Geist, als Verbindung zwischen innerer und äußerer Welt.
Abstrakte, theoretische kartesianische Betrachtungen einmal beiseite gelassen – woran merken Sie im praktischen Alltagsleben, daß Sie existieren? Woran merken Sie, ob Sie entspannt oder verspannt, im Gleichgewicht oder aus dem Lot sind? Richtig: Ihr kinästhetischer Sinn sagt es Ihnen.
Der Weg zur Wiedererlangung der sicheren und gelassenen Haltung beginnt damit, daß man die Verkürzung der Nackenmuskeln verhindert, die zu irreführendem kinästhetischem Feedback und zur *Störung der Koordination des gesamten Systems Körper-Geist* führt. Aber sich gegen dieses Muster der gestörten Koordination zu schützen ist leichter gesagt als getan!
Wenn das Schreckmuster eine derart tief verwurzelte Gewohnheit ist, wie können Sie es dann wieder loswerden, bzw. was können Sie dazu tun, es zu verlernen?

Die Alexander-Technik und die Kunst des Verlernens

Die effektivste Methode zum Verlernen dieses Musters der Verspannung und der Kontraktion, die wir kennen, wurde von Frederick Matthias Alexander entwickelt.
Alexander wurde 1869 in Tasmanien geboren; er war Schauspieler und spezialisiert auf tragische oder komische Einpersonenstücke von Shakespeare. Seine vielversprechende Karriere wurde jedoch durch den lästigen Tatbestand empfindlich gestört, daß er dazu neigte, mitten in einer Aufführung seine Stimme zu verlieren. Alexander konsultierte die berühmtesten Ärzte, Sprachtherapeuten und Schauspiellehrer seiner Zeit und befolgte deren Anweisungen minutiös. Nichts half. Jeder Normalsterbliche hätte aufgegeben und sich ein anderes Betätigungsfeld gesucht.

Nicht so Alexander. Er beschloß, selbst mit dem Problem fertig zu werden und kam zu dem Schluß, daß der Grund für seine Schwierigkeiten in ihm selbst liegen mußte. Doch wie konnte er die genaue Ursache herausfinden?
Alexander erkannte, daß er einen Weg finden mußte, um sich objektives Feedback zu verschaffen. Er begann, sich selbst in speziell konstruierten Spiegeln zu beobachten. Nach vielen Monaten detaillierter und gründlicher Beobachtung entdeckte er ein Muster, das ablief, sobald er zu rezitieren versuchte:

1. Er spannte seine Nackenmuskulatur an, wodurch sein Kopf nach hinten gezogen wurde.
2. Er drückte seinen Kehlkopf herunter.
3. Er schnappte nach Luft.

Weiters stellte er fest, daß dieses Anspannungsmuster (das Jones später als eine modifizierte Form des Schreckmusters bezeichnen sollte) mit der Tendenz einherging, die Brust herauszudrücken, ein Hohlkreuz zu machen und die Muskeln um alle größeren Gelenke herum anzuspannen.
Alexanders fortgesetzte Beobachtungen bestätigten, daß dieses Muster in wechselnder Intensität jedesmal auftrat, wenn er sprach. Ihm fiel auf, daß dieses negative Muster sofort abzulaufen begann, wenn er auch nur ans Rezitieren *dachte*, und ihm wurde klar, daß er das Muster verlernen und Körper und Geist als eine Einheit gleichzeitig »umprogrammieren« mußte, um eine Veränderung erzielen zu können. Wie er herausfand, war der Schlüssel hierzu folgender: Er mußte, bevor er aktiv wurde, eine Pause machen und das gewohnte Verspannungsmuster so verhindern; dann mußte er sich auf spezifische »Richtungen« konzentrieren, um seinem Körper zu ermöglichen, sich zu strecken und zu dehnen. Alexander beschrieb diese Richtungen wie folgt:

»Lockere den Nacken, damit sich der Kopf nach vorne und nach oben recken kann und damit sich das Rückgrat streckt.« Alexander kreierte eine australische Version eines Zen-Koans, indem er betonte, daß man sich auf diese Richtungen »gleichzeitig« konzentrieren müsse, »eine nach der anderen«! Wiederholtes Praktizieren dieser neuen Methode zeitigte erstaunliche Resultate: Alexander gewann nicht nur die vollständige Kontrolle über seine Stimme wieder, sondern er überwand auch eine Reihe hartnäckiger gesundheitlicher Probleme und wurde berühmt für seine Bühnenstimme und ganz allgemein für seine Erscheinung auf der Bühne.

Die Leute begannen in Scharen zu ihm zu pilgern, um Unterricht zu nehmen; unter diesen Schülern war auch eine Gruppe von Ärzten, die Mitglieder einer Amateurschauspieltruppe waren. Die Ärzte begannen Patienten, die an chroni chen Beschwerden litten, zu Alexander zu schicken – Menschen mit Streßsymptomen, Atembeschwerden, Rücken- und Nackenschmerzen. Alexander konnte ihnen erstaunlich oft helfen, indem er sie dabei unterstützte, eine neue Art der Koordination zwischen Körper und Geist zu erlernen.

Die Ärzte waren dermaßen beeindruckt von Alexanders Arbeit, daß sie ihm im Jahr 1904 eine Reise nach London finanzierten, damit er vor Wissenschaftlern aus der ganzen Welt über seine Arbeit berichten konnte. Er kam nach London und wurde bald als »Schutzpatron des Londoner Theaters« bekannt, der Spitzenschauspielerinnen und Schauspieler seiner Zeit beriet.

Alexander beeinflußte auch viele bedeutende Leute in anderen Bereichen, darunter Professor Raymond Dart, die Nobelpreisträger Sir Charles Sherrington und Nikolaas Tinbergen, Sir Aldous Huxley, den Erzbischof von Canterbury und Professor John Dewey. Dewey schrieb die Einleitungen für drei von Alexanders vier Büchern, und in einer dieser Einleitungen erklärte er, Alexander habe ihm die Mittel in die

Hand gegeben, seine eigenen Vorstellungen von progressiver Erziehung in die Realität und in die Praxis umzusetzen. Wie Dewey es ausdrückte: »Die Alexander-Technik ist von ebensolcher Bedeutung für die Erziehung wie die Erziehung für das Leben selbst.«

Bevor Alexander im Jahr 1955 starb, bildete er eine Reihe von Personen aus, die seine Arbeit weiterführen sollten. Viele Jahre lang wurde seine Technik an der Royal Academy of Dramatic Arts, der Royal Academy of Music, der Juillard School und anderen Topschulen für Musiker, Schauspieler und Tänzer gelehrt. Die Technik wurde zum Geheimtip für darstellende Künstler, darunter Größen wie Paul Newman, Mary Steenburgen, Sting, Paul McCartney, Sir George Solti und John Cleese. In den letzten Jahren wurde die Technik auch von Profisportlern und Olympiakämpfern angewendet, von der israelischen Armee, von Führungskräften in Firmen, Freiberuflern und anderen Menschen in allen erdenklichen Lebensbereichen.

Alexanders Arbeit basiert auf präziser Selbstbeobachtung, die unter anderem folgendes erfordert:

- Die Entwicklung einer wachsenden Bewußtheit für unangemessene Anstrengungen bei so alltäglichen Aktivitäten wie Sitzen, Sichbücken, Heben, Gehen, Fahren, Essen, Sprechen und Jonglieren. (Versteifen Sie Ihren Nacken, ziehen Sie die Schultern hoch, machen Sie ein Hohlkreuz oder steife Knie, wenn Sie die Bälle werfen, die Zahnbürste aufheben, telefonieren oder ein Auto lenken?)
- Achtgeben auf den natürlichen Fluß des Atems und das Registrieren jeder Unterbrechung dieses natürlichen Flusses. (Halten Sie beispielsweise den Atem an, wenn Sie einen Ball werfen oder fangen, wenn Sie einen Stift zur Hand nehmen, um zu schreiben, oder wenn Sie einen Ihnen noch unbekannten Menschen treffen?)

- Das Bewahren von Lockerheit und gleichzeitiger Aufmerksamkeit im visuellen Bereich – ein angenehmes Nebeneinander von zentralem und peripherem Brennpunkt. (Wird Ihr Fokusbereich eng, und empfinden Sie das Fokussieren als anstrengend, wenn die Bälle sich der oberen Begrenzung der Box nähern, oder wird Ihre Sicht dann diffus und unklar? Runzeln Sie die Augenbrauen, kneifen Sie die Augen zusammen und pressen Sie die Kiefer zusammen, wenn Sie sich zu konzentrieren versuchen?)

Der Bruder von Gertrude Stein, Leo, beschrieb die Alexander-Technik als »die Methode, die Ihnen hilft, am Ball zu bleiben, und zwar in allen Bereichen des Lebens!«

Alexanders Arbeit bildet das Herzstück unseres Lernansatzes. Oft liefert sie uns das fehlende Glied in der Kette, wenn wir versuchen, einen Zustand entspannter Konzentration zu erreichen und das ewige »Ich kann das nicht« zu besiegen, also Aussagen wie:

»Ich kann nicht jonglieren, ich kann nicht einmal fangen!«
Wir haben im Lauf der Jahre mit zahlreichen Kursteilnehmern gearbeitet, die sich darüber beklagten, daß sie nicht nur unfähig seien zu jonglieren, sondern daß sie nicht einmal imstande seien, einen Ball zu fangen. Wenn wir einen dieser Kursteilnehmer baten, uns eine Demonstration ihrer Unfähigkeit zu geben, fiel uns ein immer wiederkehrendes Muster auf: Wenn der Kursteilnehmer nach dem Ball greift, spannt er seine Nackenmuskeln an und hält den Atem an, und wenn er den Ball wirft, spannt sich sein ganzer Körper an und wird steif; oft schließt er auch die Augen. Wenn der Ball dann zu Boden fällt, ruft der Kursteilnehmer: »Sehen Sie? Ich habe Ihnen ja gesagt, daß ich nicht fangen kann!«

In solchen Fällen beginnen wir damit, daß wir dem Kursteilnehmer helfen zu erkennen, was er sich selbst antut (also daß er schon beim bloßen Gedanken an das Jonglieren in ein Schreckmuster verfällt). Dann weisen wir ihn unter Anwendung der Prinzipien von Alexander an, seine angstbestimmte Reaktion zu unterbinden, und unterteilen gleichzeitig die Aufgabe in ihre einfachsten Grundbestandteile (d. h. das einfache Werfen des Balles an die obere Begrenzung der Box, ohne auch nur an das Fangen zu denken: statt dessen Konzentration auf das Lockerlassen des Nackens, auf einen hocherhobenen, nach vorn gestreckten Kopf, auf einen gestreckten und entspannten Rücken). Mit ein wenig Geduld und fortwährender Beachtung der »Richtungen« Alexanders zur Integration von Körper und Geist beginnen die Bälle in den Händen des Kursteilnehmers zu landen. Die Resultate sind äußerst ermutigend. Typische Kommentare sind beispielsweise: »Es ist wie ein Wunder – ich habe zum ersten Mal in meinem Leben einen Ball gefangen!« und »Ich warf zwei Bälle, und ganz plötzlich stellte sich ganz von selbst ein Rhythmus ein!« Nachdem er zum ersten Mal mit drei Bällen jongliert hatte, jubelte ein sechzigjähriger Kursteilnehmer: »Ich habe gerade das Unmögliche geschafft!«
Ein Teil unseres Enthusiasmus für die Methode Alexanders beruht auf den Erfahrungen, die Michael machte, als er die Methode drei Monate lang studierte, ohne in dieser Zeit jemals zu jonglieren. Indem er für diese Zeitspanne das Jonglieren aufgab und sich auf seine Haltung konzentrierte, befreite er sich selbst von restriktiven, lang gepflogenen Gewohnheiten und Verhaltensmustern, die als Schreckmuster einzustufen waren. Das führte zu einer allgemeinen Verbesserung der Koordination zwischen Körper und Geist, was sich wiederum dergestalt äußerte, daß er unmittelbare, beeindruckende Fortschritte machte, als er wieder zu jon-

glieren begann! Tricks, an denen er bisher gescheitert war, fielen ihm plötzlich leicht, und er schaffte den Quantensprung zum Jonglieren mit fünf Bällen.
Die beste Art, die Alexander-Technik zu erlernen, besteht darin, Privatstunden bei einem qualifizierten Lehrer zu nehmen. Lehrer der Alexander-Technik wurden in einer außerordentlich subtilen und feinfühligen Handtechnik ausgebildet, mit der sie Ihnen helfen können, Ihren Nacken zu lockern und Ihr natürliches Gleichgewicht wiederzufinden, und zwar sowohl in der Bewegung als auch im Ruhezutand. In der Zwischenzeit können Sie das folgende von Alexanders Arbeit inspirierte Verfahren nutzen, um den Zustand entspannter Konzentration zu kultivieren.

Der ausgeglichene Ruhezustand

Alles, was Sie brauchen, um von dieser Methode zu profitieren, ist ein relativ ruhiger Ort, ein Stück freier Boden mit einem Teppich, ein paar Taschenbücher und fünfzehn bis zwanzig Minuten Zeit.

- Beginnen Sie damit, daß Sie die Bücher auf den Boden legen. Stellen Sie sich etwa eine Körperlänge von den Büchern entfernt hin, und spreizen Sie die Beine bis auf Schulterbreite. Lassen Sie die Hände locker hängen. Kehren Sie den Büchern den Rücken zu, und sehen Sie mit einem weichen, wachen Blick geradeaus. Machen Sie einige Augenblicke lang Pause.
- Denken Sie daran, Ihren Nacken zu lockern, so daß Ihr Kopf sich nach vorne und nach oben bewegen und Ihr ganzer Rumpf sich strecken und dehnen kann. Atmen Sie frei, und fühlen Sie den Boden unter Ihren Füßen; machen

Sie sich die Entfernung zwischen Ihren Füßen und Ihrem Scheitel bewußt. Halten Sie die Augen offen, und achten Sie auf die Geräusche um Sie herum.

- Setzen Sie sich dann mit lockeren, entspannten Bewegungen auf den Boden. Stützen Sie sich ab, indem Sie die Hände hinter sich auf den Boden legen; winkeln Sie die Beine an. Atmen Sie weiterhin entspannt.
- Lassen Sie Ihren Kopf leicht nach vorn fallen, um sicherzustellen, daß Sie Ihre Nackenmuskeln nicht anspannen und Ihr Kopf nicht nach hinten gezogen wird. Rollen Sie dann den Rücken am Boden ab, bis Ihr Kopf auf die Bücher zu liegen kommt. Die Bücher sollten so plaziert sein, daß sie Ihren Kopf an der Stelle stützen, an der der Nacken in den Kopf übergeht. Wenn Ihr Kopf nicht richtig liegt, greifen Sie mit einer Hand nach hinten und stützen Sie Ihren Kopf ab, während Sie gleichzeitig mit der anderen Hand die Bücher in die richtige Position bringen. Fügen Sie Bücher hinzu, oder nehmen Sie welche weg, bis Sie eine Höhe gefunden haben, die Ihnen ein angenehmes Strecken der Nackenmuskeln ermöglicht. Ihre Füße bleiben flach am Boden, Ihre Knie sind angewinkelt, und Ihre Hände ruhen am Boden oder locker gefaltet auf Ihrer Brust. Fühlen Sie, wie das volle Gewicht Ihres Körpers vom Boden getragen wird.
- Alles, was Sie tun müssen, um von den Vorteilen dieser Methode zu profitieren, ist, fünfzehn bis zwanzig Minuten lang in dieser Position zu verharren. Während Sie so ruhig daliegen, wird die Schwerkraft Ihr Rückgrat strecken und Ihren Rumpf lösen. Halten Sie die Augen offen und dösen Sie nicht ein. Vielleicht möchten Sie sich auf den Strom Ihres Atems und auf das sanfte Pulsieren Ihres ganzen Körpers konzentrieren. Achten Sie darauf, wie der Boden Ihren Körper stützt, und lassen Sie die Schultern locker, während sich Ihr Rücken entspannt. Lassen Sie den

Nacken locker, und spüren Sie, wie sich Ihr ganzer Körper streckt und ausdehnt.

- Nachdem Sie fünfzehn bis zwanzig Minuten lang so gelegen haben, stehen Sie langsam auf, wobei Sie sorgsam darauf achten, währenddessen nicht wieder steif zu werden oder sich zu verkrampfen. Um den Übergang sanft zu gestalten, sollten Sie entscheiden, wann Sie sich bewegen wollen, und dann langsam nach vorn abrollen, wobei Sie darauf achten, Ihr neues Gefühl der Integration und der Lockerheit zu bewahren. Nehmen Sie eine Krabbelposition ein, und stellen Sie dann einen Fuß auf den Boden. Schließlich stehen Sie auf, wobei Ihr Kopf die Aufwärtsbewegung anführt.
- Machen Sie einen Augenblick lang Pause. Horchen Sie … mit wachem Blick. Fühlen Sie wieder Ihre Füße auf dem Boden, und konzentrieren Sie sich auf die Distanz zwischen Ihren Füßen und Ihrem Scheitel. Sie werden vielleicht überrascht sein festzustellen, daß sich diese Distanz vergrößert hat. Wenn Sie jetzt zu den Aktivitäten des Tages übergehen oder Ihre Jonglierübungen beginnen, denken Sie daran, daß Sie nichts tun sollten, was diese Lockerheit, Entspanntheit und Leichtigkeit beeinträchtigt.

Die besten Resultate erzielen Sie, wenn Sie diese Übung zur Erreichung des ausgeglichenen Ruhezustands mindestens zweimal täglich absolvieren. Sie können dies am Morgen nach dem Aufwachen tun, nach dem Heimkommen von der Arbeit oder vor dem Schlafengehen am Abend. Besonders wirksam ist diese Technik dann, wenn Sie sich überarbeitet oder gestreßt fühlen und vor oder nach Jonglier- oder beliebigen anderen Übungen. Regelmäßige Übung wird Ihnen helfen, eine aufrechte, entspannte Haltung zu entwickeln, die in allem, was Sie tun, entspannte Konzentration fördert. Abgesehen von der Alexander-Technik gibt es eine Reihe weiterer Methoden, die dafür entwickelt wurden, einen Menschen in den Zustand entspannter Konzentration zu versetzen, darunter Aikido, Hatha Yoga, die Feldenkrais-Methode, Vipassana und andere Formen der Meditation, Wilhelm Reichs Orgonomie, Tim Gallweys »inneres« Tennis, Golfen und Ski laufen und Tai Chi Chuan. Jede dieser Techniken ist es wert, daß man sich eingehender mit ihr beschäftigt (siehe Bibliographie).

Wenn Sie versuchen wollen, die Geheimnisse der entspannten Konzentration zu erkunden, empfehlen wir Ihnen ausdrücklich die Kampfsporttechnik Aikido. Das Wort Aikido bedeutet wörtlich übersetzt »der Weg der harmonischen Energie«; es handelt sich dabei um eine japanische Kampfsportart, die von Morihei Ueshiba (1883 bis 1969) entwickelt wurde. Ueshiba erreichte einen Zustand der Erleuchtung, in dem ihm seine Einheit mit dem Universum bewußt wurde. Er sagte: »Die Gesetze, die die Struktur und die Dynamik des Universums definieren, müssen Teil unseres Bewußtseins werden, denn es sind dieselben Gesetze, die die Struktur und die Dynamik des Körpers bestimmen ... Die Kraft, die ein Atom bewegt, die Meere aufwühlt, die Flammen eines Feuers nährt, pulsiert auch in jedem Menschen.«

Aikido basiert darauf, daß man sich in Harmonie mit dieser elementaren Kraft, die als Ki, Chi, Prana oder »die Kraft« bezeichnet wird, bewegt und atmet. Ueshibas Erkenntnisse über die Einheit des Universums weisen Parallelen zu den Lehren spiritueller Meister vieler Schulen auf, aber seine geniale Besonderheit bestand darin, daß er eine Reihe praktischer Bewegungen und Partnerübungen entwickelte, die es dem einzelnen bei regelmäßiger und konsequenter Übung ermöglichen, seine unsterbliche Philosophie zu *verkörpern*. Man lernt tatsächlich, fest zu stehen und flexibel zu sein wie ein Weidenbaum, fließend wie eine Welle und frei wie der Wind, wenn man mit Möchtegernangreifern und den Belastungen des täglichen Lebens konfrontiert ist. Tatsächlich sind wir beide zu der Überzeugung gekommen, daß es keine bessere Möglichkeit gibt festzustellen, ob man frei vom Schreckmuster ist, als einem Partner oder Partnern gegenüberzustehen, die bereit sind, einen mit einem dicken Stock auf den Kopf zu schlagen!

Natürlich erfordert es viele Jahre intensiver Übung, wenn man Aikido lernen will. Aber um Ihnen den Start zu erleichtern, empfehlen wir Ihnen, die folgende Körper-Geist-Meditation in Ihr wachsendes Arsenal von Techniken im Bereich der entspannten Konzentration zu integrieren.

Stehen Sie aufrecht, und grätschen Sie die Beine in Schulterbreite. Schlagen Sie mit der rechten Hand kräftig auf Ihren linken Arm, von der Schulter bis hinunter zu den Fingerspitzen. Stellen Sie sich vor, daß Sie die statische, blockierte Energie aus Ihrem Arm treiben. Verfahren Sie danach mit dem rechten Arm ebenso. Schlagen Sie dann – im Uhrzeigersinn kreisend – auf Ihren Magen und dann in Tarzanmanier gegen Ihre Brust. Klopfen Sie jetzt mit beiden Händen fest auf Ihr linkes Bein; beginnen Sie dabei im oberen Bereich der Oberschenkel. Stellen Sie sich vor, wie Sie die Steifheit und Müdigkeit den Oberschenkel entlangtreiben, durch das Knie und schließlich bei den Zehen hinaus. Machen Sie dasselbe mit Ihrem rechten Bein. Schlagen Sie jetzt mit beiden Händen auf Ihr Gesäß und dann sanft auf den unteren Rückenbereich. Als nächstes massieren Sie Ihren Nacken, den Scheitel, die Stirn und die Schläfen. Kneten Sie Ihre Wangen, und massieren Sie Ihre Kiefer. Gut.

Heben Sie jetzt Ihre Arme über den Kopf, ohne die Schultern in die Höhe zu ziehen, und schütteln Sie etwa zehn Sekunden lang die Arme, so daß Ihr ganzer Körper vibriert. Bleiben Sie in einer aufrechten und elastischen Position stehen, und lassen Sie die Hände seitlich fallen; atmen Sie dabei mit einem hörbaren »Ahhhhh« ganz aus. Wiederholen Sie das Ganze dreimal, und lassen Sie das »Ahhhhh« jedesmal lauter und voller werden. Fühlen Sie jetzt Ihre Füße am Boden, und projizieren Sie ausgehend von einem Punkt unmittelbar unter Ihrem Nabel (Ihrem Schwerpunkt) Ihre Energie nach unten, so daß Sie im Zentrum der Erde verwurzelt sind. Atmen Sie durch die Nase ein, und lassen Sie die Lebenskraft, die in der Luft ist, Ihr gesamtes Sein erfüllen. Wenn Sie dann durch den Mund ausatmen, lassen Sie den Atem jeglichen Rest an statischer Energie wegspülen. Bewahren Sie das Gefühl der Verbundenheit mit der Erde, und projizieren Sie gleichzeitig Ihre Aufmerksamkeit von dem Punkt unmittelbar über Ihrem Nabel nach oben. Stellen Sie sich einen Strom reiner Energie vor, der an Ihrem Rückgrat entlang nach oben fließt, der über den Scheitel Ihren Körper verläßt und Sie mit dem Himmel verbindet. Ihr Körper bildet eine Brücke zwischen Himmel und Erde. Strecken Sie Ihre Arme seitlich aus, und heben Sie sie dann über den Kopf. Führen Sie dann an dem Punkt über Ihrem Nabel die Hände zusammen, die linke über die rechte. Lassen Sie an diesem Punkt Ihren Geist ruhen, so wie eine Lotosblume auf einem klaren Weiher. Wenn Sie jonglieren oder sich anderen Aktivitäten widmen, können Sie diese Konzentration auf ein ruhendes, inneres Zentrum nutzen, um Ihre Kapazität für die Entspannung in der Aktivität zu steigern.

Mit einem freien Nacken und einem ruhenden Zentrum werden Sie das nötige Gleichgewicht aufbringen, um den Jonglier-Fließzustand zu erreichen. Natürlich ist auch das Jonglieren selbst ein äußerst wirkungsvolles Mittel zur Aufrechterhaltung entspannter Konzentration. Wie Ihnen wahrscheinlich schon aufgefallen sein wird, ist es schwierig, während des Jonglierens an irgend etwas anderes zu denken. Jonglieren beruhigt und zentriert den Geist, während es gleichzeitig den Körper belebt und ins Gleichgewicht bringt. Die beidhändige Bewegung gibt einem ein gutes Gefühl und

hilft bei der Koordination der beiden Hälften des Gehirns und des Körpers.
Um jedoch beim Jonglieren, beim Lernen und im Leben Fortschritte zu machen, müssen Sie imstande sein, bewußt an der Kultivierung der entspannten Konzentration zu arbeiten. Vielleicht können Sie etwa Ihr Gleichgewicht aufrechterhalten, Ihre Anstrengungen angemessen halten und sich völlig konzentrieren, wenn Sie mit einem oder mit zwei Bällen arbeiten, aber was passiert, wenn Sie es mit drei, vier oder fünf versuchen? Wie steht es mit brennenden Keulen oder Kettensägen? Vielleicht fühlen Sie sich sicher, wenn Sie vor einer Gruppe von zehn Leuten sprechen, aber wie sieht es aus, wenn Sie vor 100 oder 1000 Menschen reden sollen?
Wenn wir das Schwierigkeitsniveau im Lernen und im Leben steigern, werden die Anforderungen an unser Gleichgewicht größer. Wenn Sie sich in Ihrem gewählten Gebiet der Perfektion nähern, wird es zunehmend wichtig, die Kunst der entspannten Konzentration zu beherrschen. Um Ihnen noch weiterzuhelfen, die Macht der entspannten Konzentration zu erforschen, haben wir die folgende »Meditation für Jongleure« kreiert.

Meditation für Jongleure

Ich,
Jongleur,
stehe zwischen zwei Sphären …
der Ausdruck
meiner erleuchteten
Gedanken
schwebt davon
und hinauf zur Sonne.

Die Sohlen
und Ballen
meiner Füße
schmiegen sich an die lehmige Erde,
während ich die tanzenden Muster
der Unendlichkeit webe,
wird
mein ganzer Körper
entspannter,
zentrierter
und ruhiger
in der Bewegung.

Die Muskeln meiner Füße, Waden und Schenkel
balancieren das geballte Yin-Yang
entspannt und lebendig;
mein bauchiges Zentrum
fließt im Ki
der universellen Energie;
der Streß strömt aus mir;
mein Nacken ist frei;
mein Kopf bewegt sich nach vorn und nach oben;
mein Rücken streckt und lockert sich;
meine Arme und Hände sind frei
und spielen das Spiel des Frühlings
mit Energie
und Schwerkraft;

die Sphäre meiner halbbewußten Sinne
dehnt sich ins Unendliche,
sie tanzt mit den kosmischen Wellen
und ist offen
wie ein Kind.

Ich spiele
noch immer
mit der Unendlichkeit,
wenn ich
die Bälle sehe,
einzeln
und in Harmonie,
wenn ich
die tanzenden Bälle
in meinen empfangenden
Händen spüre
und auf die Geräusche lausche
und auf die Stille
des Landens und Schwebens, des Schwebens und Landens,
wenn ich spüre,
wie meine Kinästhesie sie bewegt,
mich bewegt.
(Spiele ich mit ihnen oder sie mit mir?)

Mein Herz schlägt im stetigen Rhythmus
des Jonglierens
und treibt mein Blut durch die geschmeidigen Gänge
der Lebensbahnen meines Herzens.
Ich atme
Sternenmoleküle ein
und atme rhythmisch aus
eine Kaskade von Abermilliarden von
Atomen,
und
ich
atme.

Während meine Glieder sich senken und heben
und mit drei Bällen spielen,

jongliere ich Billiarden von Zellen
meine Billiarden Zellen
jonglieren ihre unzähligen Moleküle.
Sie und ihre unzähligen, unzähligen Atome
und sie im Wechsel
die ungezählten Quarks ihres Mikrokosmos –
bezaubernd.
Ich
bin
bezaubert.

Tief im Innern
bin ich Jongleur.
Tief
atme ich ins Universum hinein.
Ich habe
eingeatmet:

Ins Universum.
Wo die Sonnen
mit Planeten jonglieren;
wo Galaxien
mit Sonnen und Sonnensystemen
jonglieren;
wo der maskierte Jongleur
jongliert:

Stetig,
fehlerlos,
ewig.

Ich, Atomkind,
bezaubertes Kind,
Sternenkind

des Universums,
jongliere.

Und
werde
jongliert.

Leitfaden für die Kunst der entspannten Konzentration

Visualisieren Sie, wie Sie in perfekter entspannter und gelassener Haltung jonglieren. Überprüfen Sie während des Jonglierens Ihre Bewegungen im Spiegel oder auf einem Videoschirm. Beobachten Sie die verschiedenen Teile Ihres Körpers – besonders Kopf, Nacken und Schultern –, lassen Sie jeden einzelnen Körperteil sich entspannen, und zwar einhergehend mit einem allgemeinen Gefühl der Ausdehnung und eines nach oben gerichteten Stromes, der Ihr ganzes Sein erfaßt.

Während Sie jonglieren, fragen Sie sich selbst: »Was könnte einfacher sein?« – »Was könnte leichter sein?« – »Was könnte fließender sein?« – Und lassen Sie Ihren Körper die Antworten geben.

Studieren Sie die Alexander-Technik.

Pflegen Sie Ihre Fähigkeit, unter Druck Haltung zu bewahren und mit mehreren Angreifern fertig zu werden, indem Sie die Kampfsportart Aikido erlernen.

Machen Sie Gelassenheit und entspannte Konzentration zu einem Teil all Ihrer Visualisierungen für all Ihre Lernaktivitäten.

7 Wie Sie der perfekte Coach werden

Eines der herausragendsten Charakteristika der internationalen Jongleurgemeinde ist die Tradition des freien Austauschens von Tricks, Wurfmustern, Tips und Kenntnissen, die mit dem Jonglieren in Zusammenhang stehen. Wir heißen Sie im Namen dieser großzügigen Tradition willkommen und bieten Ihnen dieses Kapitel als eine Möglichkeit, Ihre eigenen Lern- und Jonglierererfahrungen auszubauen, während Sie gleichzeitig auch anderen das Lernen ermöglichen.

> *Was wirklich zählt, ist das, was man lernt, wenn man schon alles weiß.*
>
> Coach John Wooden

Der Trugschluß vom »Experten«

Wie jener Jongleur, der Michael anwies: »Werfen Sie die Bälle in die Luft und lassen Sie keinen davon fallen«, sind auch viele andere Experten keine besonders guten Lehrer. Und doch hält sich hartnäckig die Überzeugung, daß Fachwissen in einem bestimmten Gebiet den Experten automatisch dafür qualifiziert, ein Lehrer oder Manager zu sein. Unserer Erfahrung nach gibt es keine wirkliche Korrelation zwischen Fachkompetenz und Lehr- oder Managementeignung.

Experten sind oft schlechte Lehrer und Manager, weil sie vergessen haben, sich in einen Anfänger hineinzudenken. Frank Lloyd Wright meinte einmal, daß ein Experte jemand sei, der aufgehört habe zu denken.

Natürlich ist der ideale Coach jemand, der sowohl Fachwissen in einem bestimmten Bereich als auch praktisches Verständnis für den Lernprozeß mitbringt. Trotzdem – wenn Sie die in diesem Kapitel erläuterten Prinzipien anwenden, werden Sie erstaunt feststellen, daß Sie praktisch für jedermann in so gut wie jedem Bereich ein effektiver Coach sein können.

Seien Sie Ihr eigener Lehrmeister

Wir sind der Meinung, daß Sie letzten Endes Ihr eigener bester Coach sind. Und daß Sie sich das Recht verdient haben, andere zu leiten, indem Sie selbst Wachstum und Veränderung erfahren. Wenn sich Ihr Verständnis für die »Lernspirale« vertieft, bildet es die geistige Grundlage, von der aus Sie beginnen können, andere anzuleiten. Es ist wichtig, daß Sie bereits Ihr eigener Lehrmeister sind, wenn Sie lehren, coachen oder die Leitung anderer Personen übernehmen.

Unseren Erfahrungen nach schaffen die erfolgreichsten Coaches und Lehrer einen Kontext, der das Beste aus den Studenten und Schülern herausholt. Sie können die folgenden Elemente verwenden, um einen Kontext zu kreieren, der Spitzenleistungen und Spaß an der Sache fördert.

Coachingelemente zur Förderung von Spitzenleistungen

Setzen Sie klare Ziele. Erklären Sie Ihren Schülern, wie wichtig es ist, klare, multisensorische Bilder ihrer Ziele zu kreieren. Ermutigen Sie sie dazu, ihre Ziele auszuformulieren und niederzuschreiben und sie regelmäßig zu überprüfen. Wenn Sie ein Team coachen, empfehlen wir Ihnen, mit

Hilfe Ihrer Spieler ein »Mission Statement« (also eine Zieldefinition) für die aktuelle Saison zu erstellen.

Geben Sie *genaues Feedback.* Motivieren Sie Ihre Schüler dazu, sich korrekte objektive Informationen über ihren aktuellen Leistungsstand zu verschaffen. Pat Riley von den New York Knicks, der früher bei den Los Angeles Lakers spielte, drückte es folgendermaßen aus: »Sache einer Führungsperson ist es, den Menschen dabei zu helfen, die Realität zu sehen.«

Aktivieren Sie den Erfolgsmechanismus. Helfen Sie Ihren Schülern, den Unterschied zwischen der aktuellen Realität und ihrem Ziel zu erkennen und die Lücke, die dazwischen klafft, kreativ zu überbrücken. Damit der »Erfolgsmechanismus« Ihrer Schüler richtig funktioniert, müssen Sie die Realität ihrer aktuellen Leistungen mit dem angestrebten Ziel vergleichen. Finden Sie das richtige Maß an kreativer Spannung für jeden Schüler heraus.

Schaffen Sie eine angstfreie Umgebung. Vermeiden Sie es, durch Beurteilungen oder Angst zu manipulieren. Schaffen Sie statt dessen Bedingungen, die das Erkennen, Akzeptieren und Transformieren der Angst ermöglichen. Obwohl Angst ein Mittel zur Erzielung kurzfristiger Ergebnisse sein kann, führt sie auf lange Sicht zu dem, was John Dewey als »kompensatorische Fehlanpassungen« bezeichnete.

Erkennen Sie die Dinge an, die Ihre Schüler richtig machen! Eltern, Lehrer und Coaches versuchen Heranwachsenden oft zu helfen, indem sie sie auf all ihre Fehler hinweisen. Es ist nur allzu einfach, dieses Muster an die nächste Generation weiterzugeben. Obwohl Feedback über unsere Fehler sehr wichtig ist, ist es ebenso entscheidend zu wissen, welche

Dinge wir richtig tun. Sagen Sie es Ihren Schülern, wenn sie etwas gut machen! Achten Sie jedoch darauf, daß Sie sie nicht wahllos mit Lob überschütten. Sogar wenn Sie es gut meinen, geht dieser Schuß oft nach hinten los und hinterläßt ein Glaubwürdigkeitsdefizit. Geben Sie genaues, anerkennendes Feedback.

Ermutigung. Schaffen Sie in der Lernumgebung ein Klima der Inspiration und des positiven Denkens. Das Wort »Ermutigung« leitet sich von »Mut« ab. Diese Qualität des Herzens ist erforderlich, damit wir über unsere Gewohnheiten hinauswachsen und neue Dinge lernen können.

Seien Sie geduldig. Erinnern Sie sich an das Auf und Ab der individuellen Lernkurve mit ihren Phasen des Fortschritts, scheinbaren Rückschritten und »Plateaus«. Versuchen Sie zu erkennen, an welchem Abschnitt der Lernkurve jeder Ihrer Schüler steht, und geben Sie allen genug Zeit, damit sich der Prozeß weiterentwickeln kann.

Niemals Humor beweisen! (Das war nur Spaß!) Setzen Sie auf Humor, um Streß und Angst zu mindern. Transformieren Sie Angst durch Lachen. Friedrich Nietzsche, einer der großen Jongleure unter den Philosophen, sagte, daß Humor die herrlichste Eigenschaft des Menschen sei. Bewahren Sie sich eine leichtherzige Sicht der Dinge!

Seien Sie auf Erfolg eingestellt. Haben Sie Vertrauen in Ihre Schüler, das getragen wird von einem tiefen Verständnis der angeborenen Fähigkeiten und der Struktur des menschlichen Gehirns. Eine wachsende Zahl von Forschungsarbeiten deutet darauf hin, daß die Leistung von Schülern sehr stark von der Erwartungshaltung des Lehrers beeinflußt wird.
Im Rahmen einer im *Journal of Applied Psychology* veröffent-

lichten Studie mit dem Titel »Pygmalion Goes to Boot Camp: Expectations, Leadership and Trainee Performance« wurde Ausbildern der Streitkräfte mitgeteilt, daß einige nach dem Zufallsprinzip ausgewählte Rekruten überdurchschnittliche Führungsqualitäten besäßen. Nach Beendigung der fünfzehnwöchigen Ausbildung stellten die Forscher fest, daß »Ausbildungsteilnehmer, von denen die Ausbilder aufgrund der ihnen zur Verfügung gestellten Informationen bessere Leistungen erwartet hatten, bei objektiven Leistungstests signifikant höhere Punktezahlen erreichten, positivere Einstellungen zeigten und besseres Führungsverhalten an den Tag legten«.

Als die Ausbilder aufgeklärt wurden und erfuhren, daß ihre »besseren« Eleven nach dem Zufallsprinzip ausgewählt worden waren, weigerten sie sich, dies zu glauben!

Schüler und Kursteilnehmer spüren, was Sie von ihnen erwarten, und dafür sind nicht nur Ihre Worte verantwortlich, sondern auch die Art, wie Sie sie ansehen, Ihr Gesichtsausdruck und der Tonfall und der Ausdruck Ihrer Stimme.

Nach allen Olympischen Spielen werden Goldmedaillengewinner von Journalisten interviewt. Ein Reporter fragt: »Wie lautet das Geheimnis Ihres Erfolges?« Und ein Champion nach dem anderen antwortet: »Ohne meine/meinen … (Coach, Mutter, Vater, Onkel, Ehemann, Ehefrau, Freund, Freundin), der/die immer an mich geglaubt hat, hätte ich es niemals geschafft.« Seien Sie der Mensch, dessen Glauben an andere deren Leben verändert.

Lassen Sie Ihr Ego draußen. Wenn Sie mit vollem Einsatz Ihren Schülern dabei helfen wollen, ihre Ziele zu erreichen, müssen Sie es vermeiden, Ihre eigenen Maßstäbe für Selbstachtung an die Leistungen der Schüler anzulegen. Dieser Balanceakt ist meist besonders schwierig, ist aber vor allem dann wichtig, wenn Sie Ihre eigenen Kinder unterrichten.

Stellen Sie Fragen. Was geht in Ihrem Kopf vor, wenn Ihnen jemand eine Frage stellt? Bei den meisten Menschen ist es so, daß sie durch Fragen zum *Denken* gebracht werden! Wählen Sie Ihre Worte so, daß sie bei Ihren Schülern einen Prozeß des Sich-selbst-Entdeckens fördern. Stellen Sie Fragen, die Ihre Schüler anleiten, selbst Lösungen und Antworten zu finden. Wenn direktere Mittel notwendig sind, experimentieren Sie mit Wörtern wie *achten auf, beobachten, lassen* – das sind Wörter, die Schüler oft dazu inspirieren, sich aktiv am Lernprozeß zu beteiligen.

Berücksichtigen Sie unterschiedliche Lernstile. Verschiedene Menschen lernen in verschiedener Weise. Manche Menschen setzen vor allem auf visuellen Input. Andere bevorzugen akustische Reize. Wieder andere tendieren zu kinästhetischem Lernen. Manche müssen eine grundlegende Analyse der Aufgabe vornehmen, während andere sich nur einen Überblick über die Sache verschaffen wollen. Wenn Sie mit einzelnen Menschen arbeiten, versuchen Sie deren bevorzugten Stil ausfindig zu machen und kommunizieren Sie dementsprechend. Versuchen Sie Ihre Schüler dazu zu ermutigen, ihre Lernfähigkeiten in allen Modalitäten weiterzuentwickeln.

Seien Sie kreativ. Über die unterschiedlichen Lernstile hinaus ist jeder Schüler oder Kursteilnehmer ein einzigartiger Mensch, dem Sie auch einen einzigartigen Ansatz bieten müssen. Wie Walter Carrington, einer der weltweit führenden Lehrer der Alexander-Technik, meint: »Jeder Weg ist ein Weg nach innen.« Suchen Sie nach neuen und effektiveren Wegen, um Ihren Schülern das Lernen zu erleichtern.

Ermutigen Sie zu Spitzenleistungen. Fordern Sie Ihre Schüler in angemessener Weise, und ermutigen Sie sie dazu, selbstgesetzte Grenzen zu überwinden und höhere Leistungen anzustreben. Manchmal konzentriert sich der Coach als Folge der strengen Erziehung, die er selbst genossen hat, in übertriebener Weise auf Versuche, die Selbstachtung seiner Schüler zu schützen; oft geschieht das in Form von unpassendem positivem Feedback. In letzter Konsequenz unterminiert diese Haltung die Selbstachtung und leistet der Mittelmäßigkeit Vorschub. Wenn Sie Ihre Schüler zu Spitzenleistungen anspornen, demonstrieren Sie damit Ihr Vertrauen in ihre Lernfähigkeit.

Coachen Sie »unbekannte« Disziplinen. Eine der besten Möglichkeiten, als Coach zu wachsen, besteht darin, sich selbst die Aufgabe zu stellen, anderen beim Erlernen von Dingen zu helfen, die Sie selbst nicht beherrschen. (Das ist eine ganz wesentliche Fähigkeit für jeden Manager.) In unseren mehrtägigen Managementseminaren sind oft einige Nachmittage Erholungsaktivitäten vorbehalten. Wir coachen unsere Kursteilnehmer in einer Reihe von Aktivitäten, in denen wir uns auch selbst gewisse Fähigkeiten angeeignet haben. Ein Seminarteilnehmer, Dave, bat eines Tages Michael, der nie im Leben Golf gespielt hat, ihn beim Golfspiel zu unterstützen. Michael stellte ein paar Fragen, mit denen er Daves Ziele und seinen realen, aktuellen Leistungsstand erkundete. Dave erklärte, daß er ziemlich ruckartig schlage und diesen Fehler einfach nicht loswerden könne. Michael beobachtete Dave ein paarmal beim Schlagen und bemerkte, daß sich jedesmal, wenn Dave nach hinten ausholte, seine rechte Schulter verkrampfte. Michael forderte Dave auf, sich bei den nächsten Schlägen auf seine Schulter zu konzentrieren. Dave erklärte, er bemerke nichts Ungewöhnliches. Michael erkannte, daß er die Sache wahrscheinlich nur schlimmer machen würde, wenn er Dave über die wahrscheinliche Ursache seiner ruckartigen Bewegungen aufklärte, anstatt ihm dabei zu helfen, diese Ursache selbst herauszufinden. Dave brauchte klareres Feedback, also legte Michael ganz leicht die Hand auf Daves Schulter und bat ihn, den Schlag nochmals zu versuchen. Dave rief aus: »Ich ziehe die Schulter hoch! Das ist der Grund für diesen verflixten Ruck!« Der nächste Schlag gelang ihm perfekt, der Ball ging tatsächlich ins Loch, und Michael beendete sein Gastspiel als Golfcoach!

Nutzen Sie Ihre Beobachtungsgabe und Ihr Wissen über den Lernprozeß, um anderen beim Erlernen von Disziplinen zu helfen, die Ihnen selbst nicht vertraut sind. Ein zusätzlicher Nutzen besteht darin, daß Sie automatisch anfangen werden, die »fachspezifischeren« Details der betreffenden Disziplin zu lernen.

Fördern Sie entspannte Konzentration. Die richtige Einstellung ist oft der kritische Faktor in einer Lernsituation. Zeigen Sie Ihren Schülern und Kursteilnehmern, wie man Körper und Geist integrieren kann. Helfen Sie ihnen, unnötige Verspannungen zu erkennen und zu lösen, so wie es Michael bei Dave tat. Denken Sie daran, daß die meisten Menschen nicht wissen, wie sie die Aufforderung »Entspannen Sie sich!« in physische Realität umsetzen sollen. Schaffen Sie also statt dessen eine Atmosphäre, die der entspannten Konzentration förderlich ist.

Bewahren Sie sich die Einstellung des Anfängers. Nützen Sie Gelegenheiten, von Schülern und Kursteilnehmern zu lernen, was diese besser beherrschen als Sie, um den Lernprozeß lebendig zu halten. Vermeiden Sie die Falle des »Expertensyndroms«. Begeben Sie sich in unvertraute Situationen, die eine Herausforderung für Sie darstellen und in denen Sie praktisch »zum Kind« werden. Das wird Sie davor

bewahren, die erdrückende Arroganz und Selbstgefälligkeit der Besserwisser zu entwickeln.
Wie George Leonard so wunderschön sagte: »In seinem geheimen Spiegel sieht der Meister sogar im Augenblick des höchsten Ruhmes und der höchsten Vollendung das Bild des Schülers, der als letzter zur Klasse gestoßen ist, wissensbegierig und bereit, sich zum Narren zu machen.«

Fordern Sie die Schüler auf, selbst zu unterrichten. William Faulkner schrieb: »Ich weiß nicht, was ich denke, bevor ich gelesen habe, was ich geschrieben habe.« Oft ist uns gar nicht bewußt, wieviel wir gelernt haben, bis wir es jemand anders erzählen. Wenn wir darüber hinaus andere das lehren, was wir selbst gelernt haben, werden wir dazu gezwungen, unser Lernen auf einer tiefer liegenden Ebene zu integrieren und zu internalisieren. Wenn Sie Ihre Schüler dazu ermutigen, zu lehren, was Sie selbst lernen, hilft ihnen das, schneller Spitzenleistungen erbringen zu können.

Ermutigen Sie zum Spielen. Spiel ist das Geheimnis allen schnellen Lernens. Erfinden Sie Spiele, lassen Sie Phantasie walten, verteilen Sie Rollen, sorgen Sie dafür, daß die Sache Spaß macht!

> *Wer lernt mehr in einem Dialog zwischen einem Weisen und einem Narren?*

Sie sollten die Schüler mögen. Zuneigung ist die beste Nahrung für das Gehirn.

Coaching und Unterrichten werden in westlichen Kulturen zuwenig geschätzt. Im Osten ist die Situation eine völlig andere. In Japan beispielsweise wird ein Lehrer *sensei* genannt. Dieser Titel ist Ausdruck größter Ehre und höchsten Respekts. Wir legen Lippenbekenntnisse ab, wenn wir darüber sprechen, wie wichtig Erziehung und Ausbildung sind, gleichzeitig aber unseren Schulen zuwenig Budgetmittel zuweisen und unsere Lehrer unterbezahlen. Unterrichten und Coachen werden oft als Zuflucht für Leute betrachtet, die nicht imstande sind, irgend etwas »Richtiges« zu leisten. Die verhängnisvolle, aber weitverbreitete Meinung lautet: »Die, die etwas können, tun es. Die, die nichts können, werden Lehrer.« Diese Einstellung zählt zu den verwerflichsten überhaupt. Tony hat unsere Antwort darauf im folgenden Gedicht ausgedrückt:

Die, die etwas können

»Die, die etwas können,
tun es.
Die, die nichts können,
werden Lehrer.«

Gewiß, gewiß, gewiß.

Warum erzählen wir das nicht:

Einstein,
Buddha,
Curie,
Jesus,
Ueshiba,
Jefferson,
Leonardo,
Mohammed.

Diejenigen,
die sagen:
»Die, die nichts können …«,

erkennen
nicht,
daß die, die sagen
»Die, die nichts können, werden Lehrer ...«
selbst nicht Lehrer sind
und nicht das tun,
was von allen Dingen
am wichtigsten ist.

Die, die etwas können,
tun es
und
sind Lehrer.

Leitfaden für das Coaching

- Coachen Sie einen Freund oder eine Freundin, und lassen Sie sich dann von ihm oder ihr coachen, während gleichzeitig ein anderer Freund den Prozeß, der zwischen Ihnen beiden abläuft, beobachtet. (Wenn Sie die Lektionen in diesem Kapitel befolgen, werden Sie viele Freunde haben, mit denen Sie üben können.)
- Studieren Sie Vorbilder, die exzellente Coaches sind. Eignen Sie sich die Fähigkeiten der besten Lehrer und Leitfiguren an, denen Sie je begegnet sind. Lernen Sie von Ihren schlechtesten Lehrern, was Sie nicht tun dürfen.
- Wann immer Sie beim Jonglieren, beim Lernen oder im Leben in eine Sackgasse geraten, fragen Sie sich selbst: »Was würde mein idealer Coach jetzt sagen?«

Teil III

Jenseits der Unendlichkeit

Für jene unter Ihnen, die begonnen haben, »die Unendlichkeit zu meistern«, sind die nächsten drei Kapitel gedacht, die Sie »über die Unendlichkeit hinaus« führen werden und hinein in das Reich des megamultiplen Jonglierens und des »Superbabys«!

Die Prinzipien der Kunst des Jonglierens sind auch auf diese fortgeschrittenen Bereiche anzuwenden, genauso, wie sie hoffentlich auf Ihr ganzes Leben anwendbar sein werden.

8 Über die Unendlichkeit hinaus

Die Quintessenz der Kreativität ist nicht das Besitzen irgendeines speziellen Talents, sondern vielmehr die Fähigkeit zu spielen.

John Cleese

Fortgeschrittenes Jonglieren

Die elementare Drei-Ball-Kaskade, auf die wir uns bisher konzentriert haben, bildet die Grundlage für das Meistern aller fortgeschrittenen Jongliertricks. (Sie werden wahrscheinlich feststellen, daß Sie, wenn Sie sich in der Drei-Ball-Kaskade sicherer fühlen, imstande sein werden, die Höhe Ihrer Würfe zu reduzieren. Wenn Sie die Tricks ausprobieren, die wir Ihnen in diesem Kapitel vorstellen, werden Sie wahrscheinlich wieder die volle Größe der Jonglierbox ausschöpfen wollen.) Dieselben Faktoren, die notwendig waren, um die Drei-Ball-Kaskade zu erlernen, sind auch wichtig, wenn es darum geht, fortgeschrittene Tricks zu erlernen:

- Nachahmen von hervorragenden Vorbildern und Visualisierung
- Bereitschaft, die Bälle fallen zu lassen (Versuch und Irrtum/Erfolg)
- Engagement für Veränderung
- entspannte Konzentration und Haltung
- Selbst-Coaching

Erweiterung Ihrer Kinäsphäre

Der Grad an Freiheit, den Sie in bezug auf das Experimentieren mit neuen Tricks haben, ist davon abhängig, wie mühelos Sie die Drei-Ball-Kaskade beherrschen. Eine Art und Weise, einerseits diese Mühelosigkeit zu fördern und andererseits einen sehr eindrucksvollen neuen Jongliertrick zu erlernen, besteht im Üben mit geschlossenen Augen. Wenn Sie das tun, lernen Sie, sich viel stärker auf Ihren kinästhetischen Sinn zu verlassen: Sie beginnen ein Gefühl für die *Kinäsphäre* zu entwickeln, den Raumbereich um Ihren Körper, in dem die meisten Ihrer Jongliertricks ablaufen werden. Dies wird Ihnen dann bei anderen, schwierigeren Tricks helfen.

Fortgeschrittene Aufwärmübungen

Zusätzlich zur Perfektionierung Ihrer Drei-Ball-Kaskade gibt es eine Reihe von Aufwärmübungen, mit denen Sie sich auf kompliziertere Jongliertricks vorbereiten können.

1. Die vielleicht wichtigste Aufwärmübung besteht darin, einfach mit den Bällen zu spielen. Werfen Sie sie hoch in die Luft, lassen Sie sie springen, fangen Sie einen Ball im Flug und lassen Sie ihn von verschiedenen Teilen Ihres Körpers abprallen: Knie, Arme, Füße, Kopf. Experimentieren Sie mit kreativen Variationen. Diese spielerischen Experimente mit einem, zwei oder drei Bällen bilden die Basis für die meisten Tricks, die Sie in diesem Kapitel lernen werden.
2. Jonglieren Sie mit zwei Bällen in einer Hand. Nehmen Sie zwei Bälle in eine Hand, peilen Sie einen Punkt unmittelbar über der oberen Begrenzung der Box an, und werfen Sie den ersten Ball zu diesem Punkt; wenn dieser Ball den

Scheitelpunkt seiner Flugbahn erreicht, werfen Sie den zweiten Ball. Sie beschreiben kleine Kreise mit der Hand und werfen den Ball vom Zentrum Ihres Körpers weg. Wenn Sie zwei Bälle mit einer Hand werfen und fangen können, haben Sie Ihre erste Zwei-Ball-Jonglierkür geschafft.

Diese Zwei-in-einer-Übung ist ein essentielles Element vieler fortgeschrittener Jongliertricks. Sie bildet außerdem die Basis des Vier-Ball-Jonglierens. Achten Sie darauf, daß Sie das Jonglieren mit zwei Bällen in einer Hand gleichmäßig mit beiden Händen üben. Wenn Sie das Werfen des Balles weg von der Mitte Ihres Körpers sicher beherrschen, können Sie damit experimentieren, den Ball *in Richtung* Ihrer Körpermitte zu werfen.

3. Eine weitere Aufwärmübung für fortgeschrittene Tricks ist die Drüber-drunter-Übung. Der erste Teil dieser Übung heißt »Hosenträger«. Bei dieser Übung nehmen Sie einen Ball in die *rechte Hand*, die Sie hinter Ihrem Rücken halten, und werfen den Ball über Ihre *linke Schulter* nach vorne, so daß er in Ihrer linken Hand landet. Dann plazieren Sie die *linke Hand* hinter dem Rücken und werfen den Ball

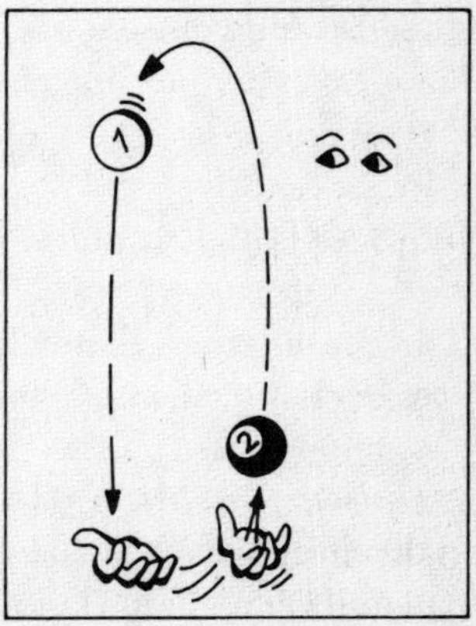

Zwei in einer Hand

über Ihre *rechte Schulter*, so daß er in Ihrer rechten Hand landet. Erkennen Sie die Hosenträger? Werfen Sie den Ball abwechselnd nach rückwärts und nach vorwärts über beide Schultern, und lassen Sie ihn abwechselnd in beiden Händen landen, bis Sie sich dabei sicher fühlen, wenn Sie ihn hinter den Rücken werfen.

Wenn Sie diese Aufgabe gemeistert haben, versuchen Sie den zweiten Teil der Übung. Nehmen Sie den Ball in die rechte Hand, werfen Sie ihn unter Ihrem *rechten Bein* durch und fangen Sie ihn mit der linken Hand. Machen Sie das Ganze rückwärts und vorwärts. Sie können dann versuchen, den Ball viermal unter jedem Bein durchzuwerfen und dann viermal über jede *Schulter*. Wiederholen Sie das Ganze mit zwei Würfen unter jedem Bein und über jede Schulter. Werfen Sie den Ball über die Schulter, und fangen Sie ihn hinter Ihrem Rücken. Improvisieren Sie dann von dieser Basis ausgehend.

Abgesehen davon, daß Sie sich auf neue Tricks vorbereiten, werden Sie bald feststellen, daß diese Drüber-drunter-Übung auch einen exzellenten Weg zur Erweiterung Ihrer Kinäsphäre darstellt. Durch diese Übung gewinnen Sie ein stärkeres Bewußtsein für Ihren ganzen Körper und den Raum, von dem er umgeben ist.

Tricks für Fortgeschrittene

(Für das Erlernen dieser fortgeschrittenen Tricks ist es besonders hilfreich, einen andersfarbigen Ball zu verwenden.)

1. Der Wurf nach dem Mond: Fangen Sie an, mit drei Bällen in der Grundkaskade zu jonglieren. Wenn der andersfarbige Ball in Ihrer rechten Hand landet, werfen Sie ihn nach oben in die Mitte, über den oberen Rand der Box hinaus, pausieren Sie einen Augenblick, während Sie die anderen beiden Bälle halten, und lassen Sie den besonders hoch geworfenen Ball in Ihrer linken Hand landen.

Sie müssen den Ball in Ihrer linken Hand an die obere Begrenzung der Box werfen, unmittelbar bevor der besonders hoch geworfene Ball in Ihrer Hand landet. Dann fahren Sie mit Ihrer Jonglierkaskade fort. Wenn Sie sich mit den hohen Würfen sicher fühlen, können Sie damit experimentieren, den Ball immer höher zu werfen und darauf zu warten, daß er wieder herunterfällt. Obwohl das ein relativ einfacher Trick ist, wird er Ihnen und Ihrem Publikum gefallen.

Experimentieren Sie auch mit Variationen wie etwa damit, daß Sie den Ball sehr hoch werfen und sich einmal um sich selbst drehen, bevor Sie ihn in Ihrer anderen Hand landen lassen. Versuchen Sie auch einmal einen Purzelbaum oder eine Grätsche; klatschen Sie einmal, zweimal, drei- oder viermal in die Hände; hüpfen Sie auf und ab, oder spielen Sie ganz allgemein herum, während Sie darauf warten, daß

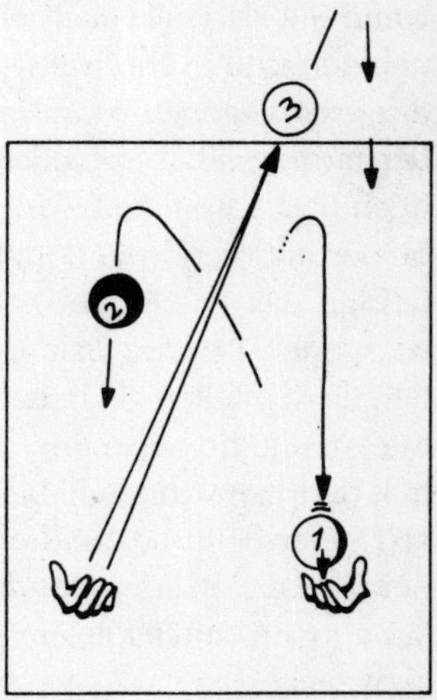

Der Wurf nach dem Mond

der Ball wieder herunterfällt. Achten Sie darauf, daß Sie diesen Trick – und alle anderen – sowohl mit der linken als auch mit der rechten Hand üben.
Nachdem Sie Sicherheit darin gewonnen haben, einen Ball »nach dem Mond« zu werfen, können Sie damit beginnen, zwei von den drei Bällen in Ihrer Kaskade nacheinander besonders hoch zu werfen (in Kombination mit jeder der oben beschriebenen Variationen). Dann können Sie zum Drei-Ball-Mondwurf übergehen, also alle drei Bälle nacheinander über die obere Begrenzung der Box hinauswerfen. Experimentieren Sie, und werfen Sie die Bälle höher und höher, machen Sie Pirouetten, Purzelbäume, oder klatschen Sie, während Sie darauf warten, daß die Bälle zu Ihnen zurückkehren. Diese Tricks sind einfach, aber eindrucksvoll.

2. Das Fallenlassen der Bälle: Dies ist ein Trick, den Sie ohne Absicht oft praktizieren werden. Er ist es wert, daß man ihn sorgsam übt, einerseits, weil er Spaß macht, und andererseits, weil er Ihre Reflexe trainiert, so daß Sie die Bälle – wenn Sie sie tatsächlich einmal fallen lassen – wieder aufnehmen und in Ihren Rhythmus zurückfinden können. Bei der grundlegenden Ein-Ball-Fallübung werfen Sie den andersfarbigen Ball, sobald er in der Hand Ihrer Wahl landet, hoch und lassen ihn fallen, während Sie gleichzeitig mit den beiden anderen weiterjonglieren und warten, bis der andersfarbige Ball wieder zu Ihnen hochspringt. Wenn es soweit ist, werfen Sie den Ball, den Sie in jener Hand halten, mit der Sie den fallen gelassenen Ball fangen werden, hoch und integrieren ihn wieder in Ihre Kaskade. Nachdem Sie Sicherheit darin gewonnen haben, einen Ball fallen zu lassen, lassen Sie zwei und dann drei zu Boden fallen. Sie können dabei viele der bei der Mondwurfübung schon beschriebenen Variationen durchspielen: Pirouetten, Händeklatschen und so weiter.

3. Die umgekehrte Unendlichkeitsserie: Die umgekehrte Unendlichkeitsserie stellt für sich allein genommen schon eine ganze Jonglier-Show dar. Es handelt sich dabei um einen Trick, der einfach, elegant und angenehm zu üben und vorzuführen ist. Wenn der andersfarbige Ball die Hand Ihrer Wahl erreicht, werfen Sie ihn über die obere Begrenzung Ihres Jongliermusters hinaus. Versuchen Sie jeweils denselben Ball jedesmal, wenn er in einer bestimmten Hand landet, besonders hoch zu werfen. Wenn Sie sicher darin geworden sind, jeden dritten Ball über die obere Grenze hinauszuwerfen, experimentieren Sie damit, jeden *zweiten* Ball, der in der betreffenden Hand landet, und dann *jeden* Ball höher als üblich zu werfen. Wenn Sie das, von einer Hand ausgehend, sicher beherrschen, versuchen Sie dasselbe mit der anderen Hand. Wenn Sie damit begonnen haben, die Bälle mit Ihrer rechten Hand besonders hoch zu werfen, dann üben Sie jetzt die umgekehrte Kaskadenserie, indem Sie mit der linken Hand beginnen. Jedesmal, wenn der andersfarbige Ball in Ihrer linken Hand landet, werfen Sie ihn über den oberen Rand des Musters. Beginnen Sie mit jedem dritten Wurf, werfen Sie dann jeden zweiten Ball, der in Ihre linke Hand zu liegen kommt, besonders hoch, und zu guter Letzt soll jeder Ball, der Ihre linke Hand erreicht, über die Obergrenze hinausfliegen. Wenn Sie sicher darin sind, jeden Ball mit der rechten Hand und dann jeden Ball mit der linken Hand besonders hoch zu werfen, kombinieren Sie diese beiden Übungen. Wann immer ein Ball entweder in Ihrer linken oder in Ihrer rechten Hand landet, werfen Sie ihn einfach über die Obergrenze hinaus, und schon haben Sie eine umgekehrte Kaskade. Um sich diese Übung zu erleichtern, stellen Sie sich eine große Röhre vor, in die Sie jeden Ball hineinwerfen.

Obwohl dieser Trick sehr einfach zu sein scheint und an diesem Punkt für Sie wahrscheinlich tatsächlich sehr einfach ist, hat er einen hypnotisierenden Effekt auf Menschen. Eine nette Variante der umgekehrten Kaskadenserie besteht darin, zwischen der gewöhnlichen und der umgekehrten Kaskade fünf- oder sechsmal »hin- und herzuschalten«. Das ergibt einen wundervollen optischen Umkehreffekt.

4. Der Springbrunnen: Der Springbrunnen beginnt genauso wie der Wurf nach dem Mond. Nehmen Sie einen Ball in die linke Hand, und werfen Sie ihn nach oben, etwa einen halben Meter über den oberen Mittelpunkt der Box. Wenn dieser Ball am Höhepunkt seiner Bahn angelangt ist, nehmen Sie die beiden anderen Bälle und werfen sie gleichzeitig über die obere Begrenzung der Box hinaus, so daß sich ihre Bahnen auf halbem Weg kreuzen. Während die Bahnen dieser beiden Bälle einander schneiden und Sie darauf warten, daß die Bälle wieder herunterkommen, wird Ihr erster Ball zu Boden fallen. Bewegen Sie eine Hand in Richtung Mitte, fangen Sie diesen Ball, und werfen Sie ihn wieder hoch. Strecken Sie die Hände rechtzeitig aus, um die beiden Bälle zu fangen, deren Bahnen einander gekreuzt haben. Wenn diese beiden Bälle in Ihren Händen landen, haben Sie immer noch den einen Ball in der Luft, den Sie nach oben in die Mitte geworfen haben. Integrieren Sie ihn in Ihre Grundkaskade, und Sie haben Ihren ersten Springbrunnen geworfen! Sie werden es wahrscheinlich viel einfacher finden, diesen Trick und vielleicht auch einige der bereits besprochenen in ihre einfachsten Grundelemente zu zerlegen, genau wie wir es mit dem simplen Drei-Ball-Muster gemacht haben:

- Werfen Sie zunächst den Ball nach oben in die Mitte.
- Lassen Sie dann die Bahnen der beiden Bälle einander oberhalb der Box überkreuzen, und lassen Sie die Bälle fallen, während Sie den mittleren Ball fangen.
- Dann fangen Sie den mittleren Ball und werfen ihn sofort

wieder hoch, so daß die beiden anderen Bälle in Ihren Händen landen können.

Wir empfehlen Ihnen, alle schwierigeren Tricks in einfache Elemente zu unterteilen; konzentrieren Sie sich wie immer darauf, die Bälle in Ihre Hände fallen zu lassen oder auch nicht, je nachdem.

5. Körperwürfe: Es gibt genauso viele Körperwürfe wie Körperteile! Die wichtigsten Körperwürfe sind der Armwurf, der Schenkelwurf und der Kopfwurf. Beim Armwurf werfen Sie Ihren andersfarbigen Ball so, daß er auf irgendeiner Stelle Ihres Armes landet, schnellen den Arm gegen den Ball, so daß dieser wieder nach oben in Richtung Oberkante der Box geschleudert wird, und integrieren ihn wieder in Ihren Jonglierrhythmus. Dasselbe gilt auch für die anderen Körperteile. Beim Schenkelwurf lassen Sie den Ball auf Ihren Schenkel fallen, schießen ihn nach oben – an den oberen Rand der Box – und machen von diesem Punkt aus weiter. Beim Kopfwurf empfehlen wir Ihnen, keine schweren Bälle zu verwenden. Es gibt auch noch andere Variationen dieses Tricks: Sie können den Ball von Ihrem Wadenmuskel, Fuß, Ellenbogen, Handgelenk oder jedem anderen Körperteil Ihrer Wahl abprallen lassen. Um diesen Trick einfacher zu machen, versuchen Sie den Ball so nahe wie möglich an den betreffenden Körperteil heranzubringen.

6. Der Hinter-dem-Rücken-Trick: Der Hinter-dem-Rücken-Trick ist ein Klassiker, den das Publikum fast immer verlangt. Er ist das Markenzeichen der wirklich guten Jongleure. Die Drüber-und-drunter-Aufwärmübung ist der Schlüssel zum Hinter-dem-Rücken-Trick (und zu Trick Nummer sieben, dem Unter-dem-Bein-Trick). Wenn der andersfarbige Ball in Ihrer rechten Hand landet, legen Sie die linke Hand hinter den Rücken, und werfen Sie den Ball über Ihre linke Schulter, so daß er in Ihrer Linken landet. Sie werden wahrscheinlich feststellen, daß es am besten ist, damit zu beginnen, daß man den Ball hinter den Rücken – also über die Schulter – wirft und ihn fallen läßt. Denken Sie zunächst gar nicht daran, den Ball hinter Ihrem Rücken fangen zu wollen. Konzentrieren Sie sich statt dessen darauf, ihn locker über die Schulter nach hinten zu werfen. Mit der Übung kommt die Beherrschung, so daß der Ball langsam in die Nähe Ihrer wartenden Hand zu fallen beginnt. Wenn Sie sicher darin sind, den Ball hinter den Rücken und über die Schulter zu werfen und Sie ihn mit der anderen Hand fangen können, integrieren Sie ihn wieder in Ihren Jonglierrhythmus. Achten Sie darauf, daß Sie abwechselnd mit beiden Händen üben, den Ball hinter den Rücken zu werfen und ihn jeweils mit der anderen Hand zu fangen.

Ein *ultra*fortgeschrittener Trick besteht darin, jeden Ball in einem kontinuierlichen Rhythmus, mit einer Hand nach der anderen, hinter den Rücken zu werfen.

Hinter dem Rücken

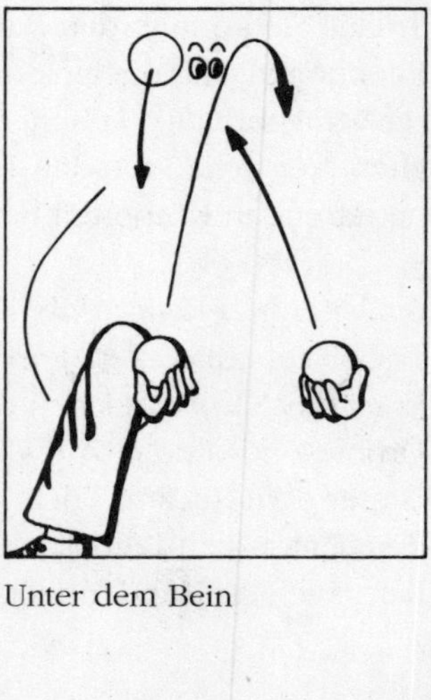

Unter dem Bein

7. Der Unter-dem-Bein-Trick: Wenn Ihr andersfarbiger Ball in Ihrer rechten Hand landet, werfen Sie ihn unter Ihrem rechten Bein hindurch nach oben ans obere Ende der Box. Zunächst werden Sie sich wahrscheinlich darauf konzentrieren wollen, den Ball erfolgreich unter Ihrem Bein durchzuwerfen – ohne dabei noch ans Fangen zu denken. Wenn Sie dann sicher darin sind, den Ball unter Ihrem Bein hindurch ans obere Ende der Box zu werfen, können Sie ihn in Ihrer anderen Hand landen lassen und ihn wieder in Ihr Grundjongliermuster integrieren. Wichtig ist wiederum, daß Sie diesen Trick mit *beiden* Beinen üben. Von diesem Grundmuster ausgehend, können Sie variieren und beispielsweise jeden dritten Ball unter Ihrem Bein durchwerfen, bis Sie schließlich so weit sind, daß Sie jeden Ball mit jeder beliebigen Hand unter dem Bein durchwerfen können.

8. Der berühmte Apfelesser-Trick: Das ist einer der klassischen Jongliertricks für Fortgeschrittene. Wenn Sie anderen Leuten erzählen, daß Sie Jongleur sind, wird man Sie oft fragen: »Haben Sie neulich diesen Typen im Fernsehen gesehen, der einen Apfel aß, während er jonglierte?« Dann kön-

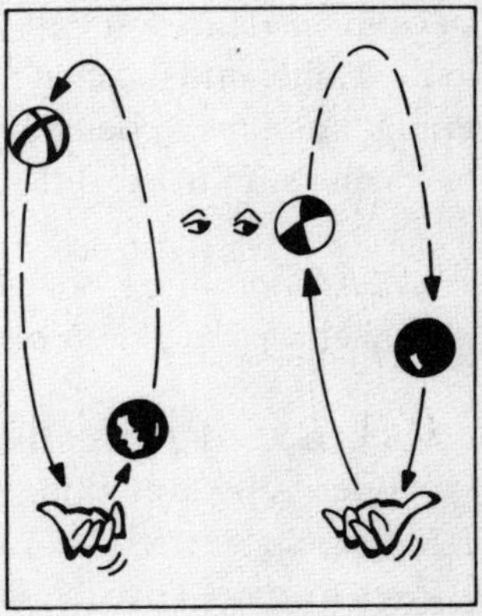

Vier Bälle

nen Sie antworten: »Ja, das sieht wirklich schwierig aus«, Ihren eigenen *Jonglierapfel* aus der Tasche ziehen, und los geht's!
Das Geheimnis des berühmten Apfelesser-Tricks ist folgendes: Sie müssen imstande sein, mit zwei Bällen in einer Hand bequem zu jonglieren. Am einfachsten ist der Trick auszuführen, wenn man zwei Bälle und einen Apfel verwendet (MacIntoshs sind am besten geeignet, weil sie relativ weich sind), damit man zunächst im Kaskadenmuster jongliert und dann dazu übergeht, mit zwei Bällen in einer Hand, zu jonglieren. Halten Sie den Apfel in der anderen Hand und beißen Sie ab (rasch!), dann integrieren Sie ihn wieder in Ihre Kaskade.
Wenn er wieder in der Hand landet, mit der Sie ihn ursprünglich geworfen haben, beißen Sie wieder ab und jonglieren währenddessen mit der anderen Hand die beiden Bälle. (Sie müssen die beiden Bälle in einer Hand schon ziemlich gut unter Kontrolle haben, wenn Sie den Apfel wirklich genießen wollen.) Um diesen Trick effektiv zu gestalten, beißen Sie möglichst rasch von Ihrem Apfel ab und stopfen sich soviel in den Mund, wie Sie nur können. Machen Sie so weiter, bis Sie beinahe den ganzen Apfel gegessen haben; stecken Sie dann den Rest in den Mund, reißen Sie die Arme in die Höhe, und machen Sie unter dem wilden Applaus des Publikums eine Verbeugung, während der Saft des Apfels Ihnen vom Kinn tropft – das wirkt immer!

9. Vier Bälle: Das Vier-Ball-Grundmuster erfordert das gleichzeitige Jonglieren mit je zwei Bällen in einer Hand:

- Machen Sie die Zwei-Bälle-in-einer-Hand-Übung, die wir bei den Aufwärmübungen besprochen haben.
- Jonglieren Sie mit zwei Bällen in einer Hand, vom Zentrum Ihres Körpers ausgehend; schauen Sie dabei geradeaus.

- Wenn Sie mit jeweils zwei Bällen pro Hand jonglieren können, können Sie beide Hände kombinieren, so daß Sie gleichzeitig mit beiden Händen und jeweils zwei Bällen pro Hand jonglieren.

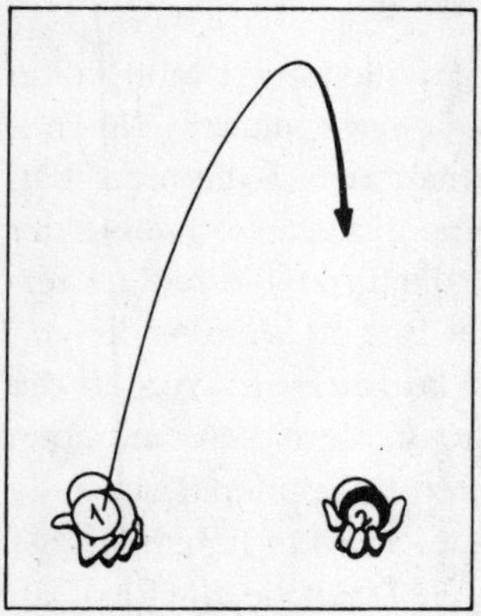

Bereit für fünf Bälle

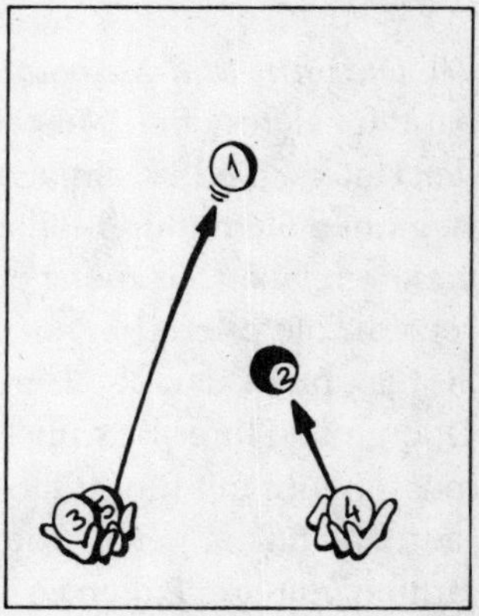

Wie man mit dem
Fünf-Ball-Jonglieren beginnt

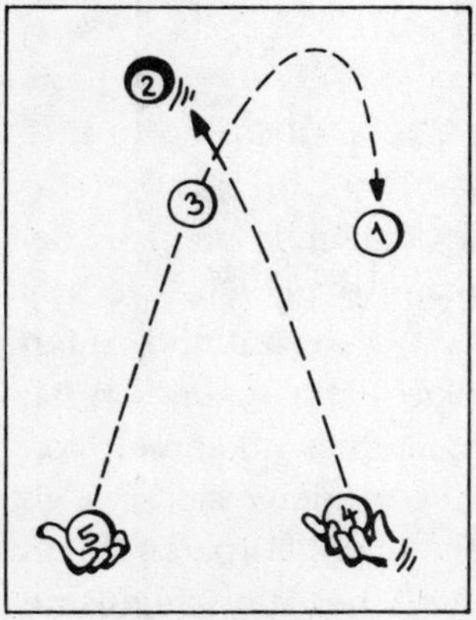

Der vierte Ball wird geworfen

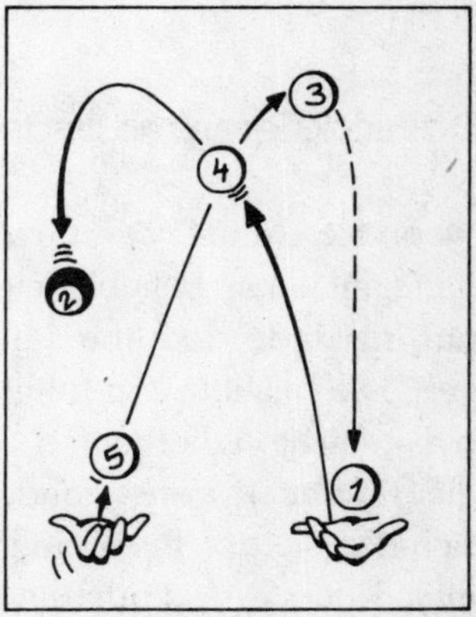

Fünf-Ball-Jonglieren!

Voilà! Sie jonglieren mit vier Bällen! Das Geheimnis liegt darin, von simultanen zu versetzten Würfen überzugehen; dadurch wird die Illusion erzeugt, daß sich die Bahnen der vier Bälle überkreuzen. Wenn Sie dieses Muster einmal meistern, können Sie beginnen, mit Variationen dieses grundlegenden Vier-Ball-Themas zu experimentieren.

10. Die Fünf-Ball-Kaskade: Das Jonglieren mit fünf Bällen baut auf demselben Muster auf wie jenes mit drei Bällen – der Unterschied ist einfach, daß man zwei Bälle mehr hat. Beginnen Sie mit drei Bällen in einer Hand und zwei in der anderen. Üben Sie zuerst einfach, alle fünf Bälle zeitlich versetzt an die obere Begrenzung der Box zu werfen (denken Sie gar nicht daran, sie auch zu fangen). Sie werden die Obergrenze Ihrer Box um etwa dreißig Zentimeter anheben müssen, um mit fünf Bällen arbeiten zu können. Lassen Sie die Bälle fallen, genau wie Sie es auch getan haben, als Sie lernten, mit drei Bällen zu jonglieren. Üben Sie, die fünf Bälle so gleichmäßig wie möglich zu werfen, und beginnen Sie dann zu experimentieren, indem Sie einen Ball in Ihrer Hand landen lassen, dann zwei, drei, vier, fünf und so weiter.

Das Jonglieren mit anderen Gegenständen

Wenn Sie einmal wissen, wie man jongliert, können Sie beinahe mit jedem beliebigen Gegenstand jonglieren, sofern Sie nur imstande sind, ihn aufzuheben, zu werfen und zu fangen. Die beliebtesten Jonglierobjekte – abgesehen von Bällen – sind Jonglierkeulen. Mit Jonglierkeulen kann ein Jongleur seine Künste wunderbar zeigen, denn sie sind gut sichtbar, sie erzeugen einen angenehmen, hörbaren Rhythmus, und sie sind auch in kinästhetischer Hinsicht ansprechend.

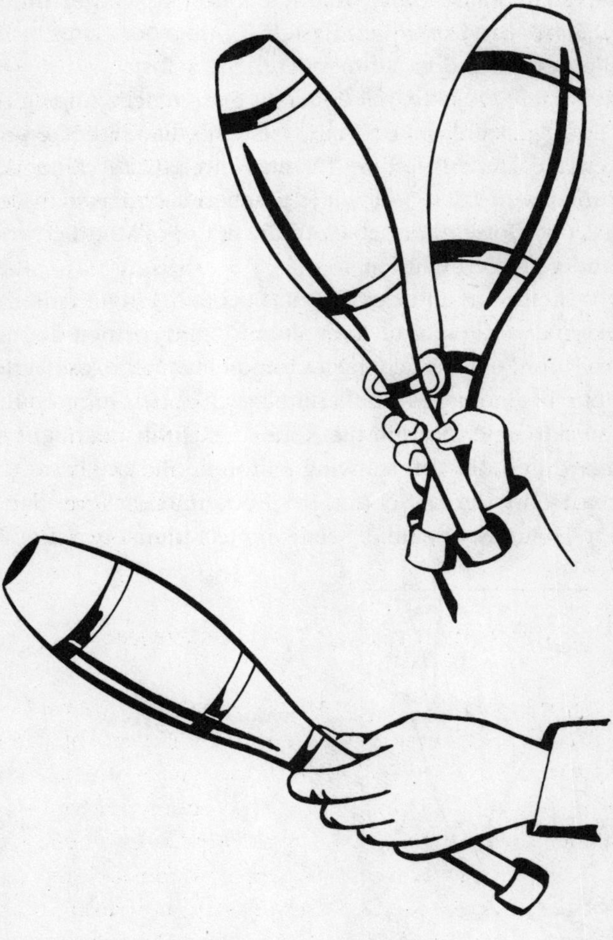

Das Jonglieren mit Keulen

Das Jonglieren mit Keulen ist ein wenig schwieriger als jenes mit Bällen, denn es ist nötig, daß Sie die Keulen nicht nur werfen und fangen, sondern sie auch drehen; aber mit ein bißchen Übung wird Ihnen das nicht schwerfallen. (Tip: Halten Sie die Keule nahe an Ihrem Schwerpunkt, das gibt Ihnen eine viel bessere Kontrolle.) Basteln, borgen oder kaufen Sie Jonglierkeulen und experimentieren Sie selbst.
Einige andere Objekte, mit denen es Spaß macht zu jonglieren, sind Zigarrenkisten, Schals (einfach!), Eier, Früchte und Basketbälle. Lassen Sie Ihrer Phantasie freien Lauf. Einer der erstaunlichsten Tricks, die wir je gesehen haben, ist das Jonglieren mit fünf Pingpongbällen, die mit dem Mund geworfen und gefangen wurden.
Eine weitere Variante des phantasievollen Jonglierens mit Objekten erfand einer unserer alten Jonglierpartner, der mit einem Huhn, einer Küchengabel und einer Rübe jonglierte. Er kaufte in einem Geschenkartikelgeschäft ein Gummihuhn und steckte einen Stab in die Kehle des Huhns, damit er es leichter durch die Luft schwingen konnte. Er jonglierte mit seinem Huhn, der Gabel und der Rübe und gackerte dabei wie ein Huhn. Nachdem er sein Sammelsurium etwa dreißig

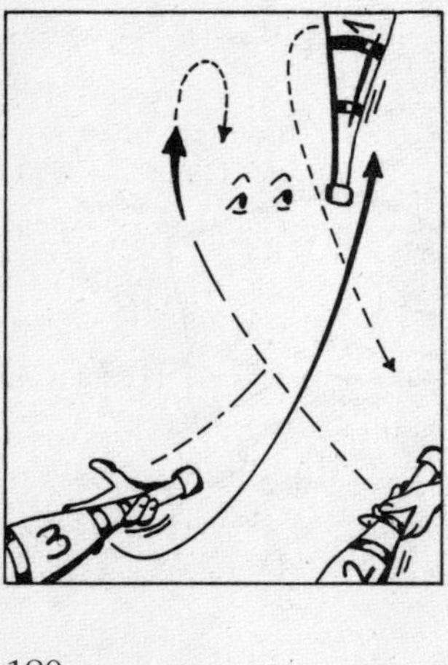

Das Jonglieren mit Keulen

Sekunden lang durch die Luft gewirbelt hatte, warf er die Rübe hoch in die Luft, richtete die Zinken der Gabel nach oben und ließ unter dem frenetischen Applaus des Publikums die Rübe von der Gabel aufspießen. Bei einem unvergeßlichen Auftritt führte er diesen Trick anläßlich eines Konzerts der Rolling Stones beim Knebworth Rock Festival vor 250 000 Menschen vor – und er mißlang!
Die Rübe rollte von der Bühne (die in der Form von Mick Jaggers Mund gestaltet war). Alles lachte; dann warf jemand die Rübe auf die Bühne zurück, und als echter Jongleur probierte er es noch einmal. Und diesmal funktionierte es ... und das Publikum applaudierte begeistert.

Entwickeln Sie Ihre eigene Routine

Wenn Sie mit dem Erlernen von Tricks beginnen, werden Sie anfangen, darüber nachzudenken, wie Sie diese Tricks miteinander kombinieren können. Entwickeln Sie ein Muster – oder zwei –, bei dem ein Trick fließend in den anderen übergeht, und zwar in einer für Sie kinästhetisch und visuell angenehmen Weise. Wenn Sie einmal eine Grundsequenz von Tricks kreiert haben, üben Sie sie regelmäßig, bis sie Ihnen zur zweiten Natur wird.
Sicherlich werden Sie manchmal auch trainieren wollen, indem Sie einfach herumspielen und mit den verschiedenen Tricks Ihre eigene »Jonglier-Jam-Session« inszenieren. Diese Art des Übens macht Spaß und hilft Ihnen dabei, neue Muster zu entdecken. Für Auftritte werden Sie jedoch wahrscheinlich eine rhythmische Routine bevorzugen, die Ihnen als Rahmen für Ihre Improvisationen dient.
Wenn Sie Ihre Routine entwickelt und eingeübt haben, werden Sie wahrscheinlich auch erste Auftritte absolvieren wollen. Bevor Sie Ihre Jonglierkünste vor Publikum erproben,

proben Sie unter schwierigen Bedingungen: bei schlechtem Licht, großem Lärm, starker Zugluft. Wenn Sie sich leicht auf verschiedenste Ablenkungen einstellen können, sind Sie bereit für den großen Auftritt. Wenn der große Augenblick dann tatsächlich gekommen ist, achten Sie auf Ihre Haltung, halten Sie Kontakt mit Ihrem Publikum und vor allem – genießen Sie die Situation!

Wenn Ihnen das Jonglieren Spaß macht (und Sie sich keine Sorgen um Fehler machen) und Sie die oben erwähnten Tips befolgen, werden Sie garantiert einen erfolgreichen und unterhaltsamen Auftritt haben. Und wenn Sie die Jonglier-Metapher-Methode sorgfältig anwenden und umsetzen, dann wird Ihr Hauptproblem darin bestehen, Ihre Tricks schwierig aussehen zu lassen!

Leitfaden für das Jonglieren jenseits der Unendlichkeit

- Denken Sie daran, daß Sie in jeder Disziplin dazu bereit sein müssen, Neues auszuprobieren und auch neue Fehler zu machen, wenn Sie Fortschritte machen wollen. Nur allzuoft beginnen sich die Leute auf einem bestimmten Leistungsniveau so wohl zu fühlen, daß sie die Bereitschaft zu kontinuierlichem Experimentieren und zur Weiterentwicklung verlieren. Pflegen Sie Ihre Liebe zum Lernen, indem Sie sich mit Freude in unbekannte Gebiete vorwagen!
- Wenn Sie einen neuen Trick lernen, werfen Sie die Bälle ein wenig höher, um mehr Zeit zu gewinnen.
- Üben Sie das Drei-Ball-Muster mit geschlossenen Augen.
- Improvisieren Sie.
- Wenn Sie Ihre Routine entwickeln, achten Sie darauf, wie es sich *anfühlt*, wenn ein Trick in einen anderen übergeht,

und konzentrieren Sie sich darauf, das Gefühl herauszufinden, das am angenehmsten für Sie ist.

- Betrachten Sie alle Ihre Tricks als *bewegliche Skulpturen*; gehen Sie mit der Einstellung eines Künstlers an das Jonglieren heran.
- Ihre besten Tricks entstehen in der Regel in Augenblicken spontaner Freude durch spielerisches, kindliches Experimentieren. Haben Sie Spaß!

9 Unendliche Möglichkeiten

Jonglieren mit Kollegen, Freunden, Familienmitgliedern und Partnern

Wer die Grundlagen des Jonglierens mit einem, zwei oder drei Bällen beherrscht, kann, wenn er nur einige geringfügige Änderungen vornimmt, einen der schönsten Aspekte des Jonglierens überhaupt genießen – das gemeinsame Jonglieren mit einem Partner!
Mit diesen kommunikativen, ausgefeilteren Techniken können Sie nicht nur Ihr Repertoire und Ihr Können verbessern, sondern Sie können im Rahmen des Lernens und Spielens auch die Bindung zwischen Ihnen und Ihrem Partner stärken. Die Variationsmöglichkeiten des Jonglierens mit einem Partner sind nahezu unbegrenzt. In diesem Kapitel wollen wir Ihnen einige der einfachsten und schönsten davon vorstellen.

1. Die Umarmung: Stellen Sie sich nebeneinander auf, und schauen Sie in dieselbe Richtung. Legen Sie die Arme locker umeinander, wobei jeweils ein Arm frei bleibt. Nun sind Sie *beide* zusammen wie *ein* Jongleur. Beginnen Sie, indem Sie einen Ball hin- und herwerfen, dann versuchen Sie es mit zwei Bällen. Gehen Sie dabei so vor, als würden Sie allein mit den beiden Bällen jonglieren. Wirklich Spaß zu machen beginnt die Sache mit drei Bällen.
Einer von Ihnen beginnt mit zwei Bällen, der andere mit einem. Diejenige Person, die zwei Bälle hat, wirft einen hoch zur Oberkante der imaginären Box, die Sie um Sie beide

herum kreiert haben. Sobald der Ball am Scheitelpunkt angelangt ist, wirft die Person mit dem einen Ball diesen Ball in die Gegenrichtung, und schon sind Sie dabei, mit zwei Händen und zwei Körpern mit drei Bällen zu jonglieren. Sobald die Sache läuft, sind Sie in der Lage, die meisten Tricks des letzten Kapitels zu meistern oder selbst welche zu erfinden.

2. Ballstehlen: Ihr Partner steht Ihnen gegenüber und jongliert mit drei Bällen in der Grundkaskade. Werfen Sie die Bälle ein wenig höher und langsamer als normalerweise. Beobachten Sie das Drei-Ball-Muster sorgfältig, und suchen Sie sich den andersfarbigen Ball heraus. Sagen Sie sich: »Wenn der andersfarbige Ball die rechte Hand meines Partners verläßt und die obere Kante der Box erreicht, werde ich meine rechte Hand ausstrecken, und zwar genau in dem Augenblick, in dem er den Scheitelpunkt seiner Wurfbahn erreicht.« Üben Sie das Stehlen eines Balles aus der Kaskade Ihres Partners.
Nachdem der erste Ball locker in Ihrer Hand gelandet ist, können Sie üben, den ersten Ball mit einer Hand und den zweiten mit der anderen Hand zu nehmen, sobald er seinen Scheitelpunkt erreicht. Wenn Sie den ersten Ball mit einer

Umarmung

Hand und den zweiten Ball mit der anderen Hand genommen haben, werden Sie bemerken, daß sich der dritte Ball, den Ihr Partner soeben hochgeworfen hat, in der Mitte der

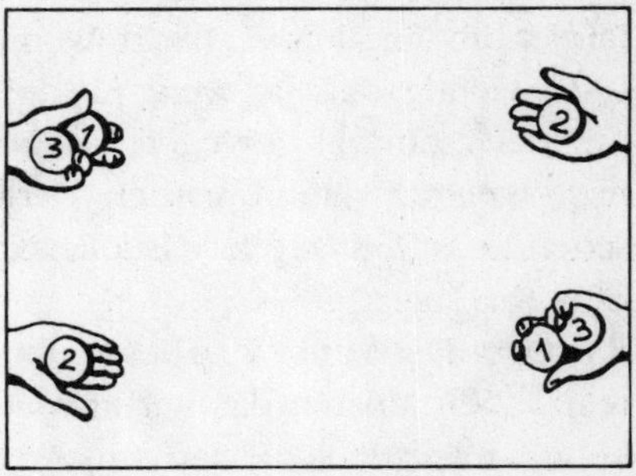

Bereit zur Übergabe

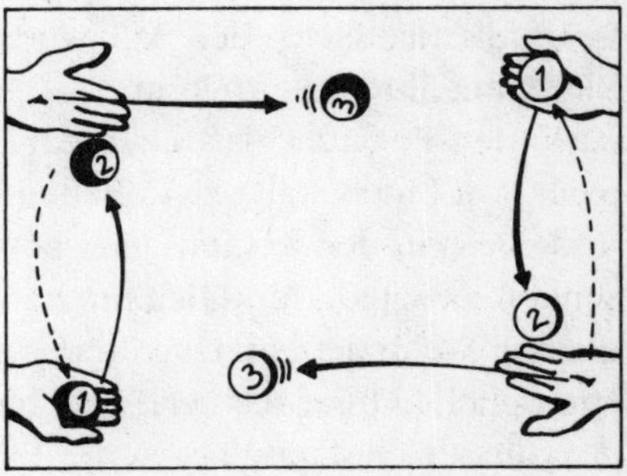

Übergabe: Schritt eins

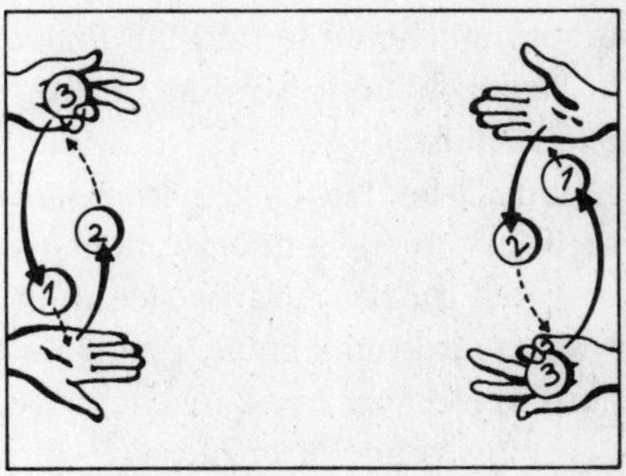

Übergabe

beiden Bälle befindet, die Sie halten. Betrachten Sie den letzten Wurf Ihres Partners als Ihren ersten Wurf, und jonglieren Sie dann mit allen drei Bällen weiter.
Sie haben soeben die Bälle gestohlen. Ihr Partner wird sie nun von Ihnen auf dieselbe Weise stehlen, und Sie können immer hin- und herwechseln. Wenn dieser Trick wirken soll, ist es wichtig, daß Sie, wenn Sie der Jongleur sind, Ihre Hände weiter normal bewegen, so, als wären Ihnen die Bälle nicht weggenommen worden. Dadurch entsteht ein überraschender und reizvoller visueller Effekt.

3. Übergabeübungen: Diese Übergabeübung basiert auf demselben Muster, das wir anwandten, als wir die umgekehrte Kaskadenserie lernten. Anstatt zuerst jeden dritten Ball über die obere Begrenzung zu werfen, dann jeden zweiten und schließlich jeden Ball, werfen Sie die Bälle im selben Rhythmus Ihrem Partner zu.
Beginnen Sie damit, daß Sie Ihrem Partner gegenüberstehen; jeder von Ihnen sollte zwei Bälle in der linken Hand halten und einen in der rechten. Jetzt heben Sie beide die Hände, senken sie wieder und beginnen im selben Moment zu jonglieren. Wenn der einzelne (andersfarbige) Ball, der sich ursprünglich in Ihrer rechten Hand befand, in Ihrer linken landet (um gleich darauf als vierter Ball geworfen zu werden), dann werfen Sie ihn Ihrem Partner zu. Jedesmal, wenn der ursprüngliche andersfarbige Ball wieder in Ihre linke Hand zu liegen kommt, werfen Sie ihn wieder Ihrem Partner zu (siehe Illustration).
Anfangs ist es hilfreich, gemeinsam laut mitzuzählen und gemeinsam im richtigen Moment »Wurf!« zu rufen. Wenn Sie den Ball präzise und vorsichtig in die Hand Ihres Partners werfen und umgekehrt, brauchen Sie sich wegen des Fangens keine Sorgen zu machen. Wenn Sie sich die Bälle gegenseitig zehnmal erfolgreich zugeworfen haben, können

Sie dazu übergehen, Ihrem Partner *jeden zweiten* Ball zuzuwerfen.
Wenn Sie das zehnmal gemacht haben, können Sie Ihrem Partner *jeden* Ball zuwerfen. Je schneller der Rhythmus wird, desto wichtiger ist es, sich auf den Wurf zu konzentrieren. Wenn Sie sich konsequent auf die Würfe konzentrieren, wird der Ball auch weiterhin in Ihrer Hand landen.

Leitlinien für das Jonglieren mit Kollegen, Freunden, Familienmitgliedern und Partnern

- Achten Sie auf den Stil Ihres Partners, und passen Sie ihm Ihren eigenen Jonglierstil an.
- Versuchen Sie immer, Ihren Partner vorteilhaft wirken zu lassen. Spielen Sie so, daß seine Stärken zur Geltung kommen. Holen Sie das Beste aus ihm heraus.
- Wenn Sie Ihrem Partner während einer Übergabeübung einen Ball zuwerfen, werfen Sie den Ball in einem sanften Bogen, so daß er weich in der Hand Ihres Partners landet. Werfen Sie den Ball niemals *auf* Ihren Partner, sondern werfen Sie ihn ihm *zu*.
- Konzentrieren Sie sich auf die richtige zeitliche Abstimmung. Der schwierigste Aspekt des Jonglierens im Team ist die Synchronisation von Gedanken und Bewegungen. Atmen Sie im selben Rhythmus wie Ihr Partner. Betrachten Sie sich und Ihren Partner als *eine Einheit*, als ein geschlossenes Phänomen.
- Wenden Sie diese Prinzipien auf alle Ihre Beziehungen zu Hause und an Ihrem Arbeitsplatz an.

10 Superbaby: Die Macht des Spiels

In der Diktion der Spieltheorie könnten wir sagen, daß das Universum so ausgelegt ist, daß es das Spiel bis zum Höchstmaß steigert.

George Leonard

In unseren Seminaren zu den Themen »Kreativität«, »Lernen« und »Führungsqualitäten entwickeln« fordern wir unsere Kursteilnehmer normalerweise auf, sich leger zu kleiden. Trotzdem kommen sie dann oft im grauen Anzug, mit enger Krawatte und ernster Miene. Sie sind meist gestreßt, weil sie an ihrem Arbeitsplatz ungeheurem Druck ausgesetzt sind, und haben angesichts der Tatsache, daß sie jetzt ihre Zeit anderswo als in der Arbeit verbringen sollen, ambivalente Gefühle. Wenn wir das Programm vorstellen, das praktische Übungen für sie beinhaltet und auf Forschungsergebnissen und analytischen Erklärungen für den Prozeß beruht, fangen sie an, »aufzutauen«. An diesem Punkt ziehen wir die Bälle aus der Tasche und beginnen mit der ersten Lektion in der Kunst des Jonglierens.

Und regelmäßig passiert dann etwas Bemerkenswertes: Die Teilnehmer entledigen sich ihrer Jacketts und Krawatten und lockern ihre Kragen. Lächeln und Lachen erfüllen den Raum, Scherze werden gemacht. Erwachsene Führungskräfte werden zu schelmischen Kindern. Ihre Mienen entspannen sich, und die Augen werden groß, wenn sie die Macht der effektivsten Lernmethode entdecken, die es gibt: Spielen.

Spielen! Ein Ausruf. Eine Versuchung. Eine Ermunterung. Eine Interaktion. Ein Shakespearescher Traum. Eine Einladung. Plato sagte: »Das Leben muß als Spiel gelebt werden ...« Die alten Griechen wußten, daß das Spiel das Geheimnis des Lernens ist. Ihre Worte für das Spiel *(paida)* und für Erziehung *(paideia)* sind Variationen über ein und dasselbe Thema.

Spiel ist die Art und Weise, wie alle Tiere und alle Kinder lernen. Es ist ein wirkungsvoller Katalysator für die Entwicklung aller geistigen und physischen Fähigkeiten. *Die Kunst des Jonglierens* ist im wesentlichen ein Buch, das beschreibt, wie Sie Ihre Lernkapazität voll ausschöpfen können, indem Sie sich die Macht des Spiels zunutze machen. Und um die Kunst des Spielens wieder zu erlernen, beginnt man am besten damit, Meister dieser Disziplin zu imitieren.

In jedem richtigen Mann steckt ein Kind, das spielen will.
Nietzsche

Ooooh! Schau mal das Baby!

Spielen und Arbeiten sind für kleine Kinder keine getrennten Aktivitäten. Die »Arbeit« eines Babys besteht darin, das Universum zu erforschen, deshalb ist für das Baby Arbeit dasselbe wie Spiel. Beobachten Sie ein Baby, das laufen lernt. Der Prozeß besteht aus unzähligen Experimenten und Versuchen, die alle auf das Ziel gerichtet sind, einmal aufrecht stehen und auf zwei Beinen laufen zu können. Das Baby wird Stunden damit zubringen, zu krabbeln, sich fast ganz aufzurichten, hinzufallen, die Umgebung zu erforschen, zu krabbeln, ein paar wackelige Schritte zu machen und wieder hinzufallen, und es wird dabei sowohl über seine Erfolge als auch über seine Mißerfolge lachen. (Können Sie sich vorstellen, wie es wäre, wenn das Baby, nachdem es einige Male hingefallen ist, sagte: »Vergeßt es. Ich geb's auf! Ich

habe ganz offensichtlich von Natur aus kein Talent fürs Laufen!«)
Während es laufen lernt, erforscht das Baby alles, was ihm unter die Finger kommt: den Geschmack und die Beschaffenheit des Teppichs, die Konsistenz und den Geruch eines Blattes Papier oder von Mamis Haar, das Geräusch, das eine Flasche macht, wenn man damit gegen die Wand des Gitterbettes schlägt. Wie ein kleiner Isaac Newton hat das Baby Spaß daran, all die synästhetischen Freuden seines Universums zu entdecken.

> *Ich komme mir vor ... wie ein Junge, der am Meeresstrand spielt ... und Spaß hat und der dann einen Stein findet, der glatter ist als die meisten, oder eine Muschel, die hübscher ist als die anderen, während das große Meer der Wahrheit noch völlig unentdeckt vor ihm liegt.*
>
> Isaac Newton

In ähnlicher Weise wird das Baby auch spielen, wenn es sprechen lernt. Es spielt dabei mit Wörtern, Klängen, Rhythmen, oralen »Gefühlen«, Lautstärken, Tonhöhe und Tonfall und prüft dabei unablässig, welchen Effekt die Geräusche, die es produziert, auf Mami, Papi, Bruder, Schwester, Hund oder Katze haben.
Kleine Kinder zeigen ähnliche Spielmuster beim Erlernen beinahe aller Dinge. Sie setzen synästhetische Visualisierung ein und stellen sich vor, sie wären verschiedene Wesen oder Objekte. Diese Visualisierung und kreative Vorstellungskraft führt oft dazu, daß Kinder auf verblüffende Ideen kommen, von denen die nüchterneren Erwachsenen um sie herum häufig wenig begeistert sind.
So saß eines Tages Tony in der Londoner U-Bahn genau hinter einem fünfjährigen Mädchen und seiner Mutter. Der Zug beschleunigte rasch auf eine höhere Geschwindigkeit als bei

U-Bahnen üblich, und das kleine Mädchen wurde aufgeregt und rief: »Mami, wäre es nicht toll, wenn die U-Bahn immer schneller führe, bis sie so schnell fährt, daß sie uns nach Morgen bringt? Dann könnten wir heimgehen und Papi erzählen, was morgen passieren wird!« Die Mutter antwortete: »Sag so etwas Dummes nie wieder.«

In diesem Beispiel bewies das Kind eine ganz bemerkenswerte Einsicht, indem es auf eine Art und Weise mit Ideen spielte, die in gewisser Hinsicht Einsteins Überlegungen im Zusammenhang mit der Relativitätstheorie gleichen. Einstein stellte sich vor, er selbst reise auf einem immer rascher dahinschießenden Sonnenstrahl ins Universum hinaus ... und entdecke das Morgen. Und Einstein führte seine außerordentlichen Einsichten über das Universum auf seine Bereitschaft zurück, Fragen im Zusammenhang mit Zeit und Raum aus dem Blickwinkel eines Kindes zu erforschen.

Wer kann schneller lernen, Sie oder ein Baby?

Die meisten Erwachsenen werden antworten: »Babys lernen schneller und besser.« Wir glauben aber, daß Sie, ein erwachsener Lernender, imstande sind, sogar noch schneller zu lernen als ein Baby – daß Sie sozusagen ein *Superbaby* werden können. Sie sind imstande, schneller zu lernen als ein Baby, wenn Sie bereit sind, die Verspieltheit eines Babys mit den kognitiven Fähigkeiten und Ressourcen des Erwachsenen zu kombinieren.

Nehmen wir als Beispiel das Erlernen einer Sprache. Die meisten Menschen glauben, daß ein Baby eine Sprache viel schneller lernen kann als ein siebzigjähriger Erwachsener. Tatsächlich kann der Siebzigjährige Sprachen rascher lernen als das Baby, wenn dieser Erwachsene *lernt wie ein Baby*. Traditionelle Sprachlehrprogramme basierten auf einem analytischen Ansatz. Die Schüler lernten Konjugationen von Verben und Vokabeln – es funktionierte nicht besonders gut. Heute bieten die effektivsten Sprachlehrprogramme den Schülern eine umfassende Lernerfahrung.

So trugen beispielsweise in einer Spanischklasse, die wir besuchten, die Schüler Sombreros und Ponchos. Die Wände waren mit farbenfrohen Bildern aus Spanien, Mexiko und anderen spanischsprachigen Ländern tapeziert. Im Hintergrund spielte spanische Musik. Die Schüler waren damit beschäftigt, eine Szene zu spielen, und sie sprachen dabei ausschließlich spanisch. Wenn jemand einen Fehler machte, wiederholte die Lehrerin einfach das richtige Wort bzw. das richtige Satzglied oder die Aussprache, und der Schüler wiederholte dann die korrekte Version. Besonderer Wert wurde auf ausdrucksvolle Gestik und Körpersprache gelegt. Ständig »erwischte die Lehrerin ihre Schüler dabei, daß sie etwas richtig machten«. Der Raum war von Lachen und Leben erfüllt. Die Schüler lernten – und zwar schnell.

Dieser lustvolle, »gehirnfreundliche« Lernansatz ist der bei weitem effektivere. Unser Gehirn ist darauf angelegt, sich über die inhärenten und außerordentlichen Fähigkeiten des Babys hinaus weiterzuentwickeln. Wir bleiben dabei: Der natürliche und gesunde Zustand des Erwachsenen ist der des Superbabys.

Wenn sie uns jonglieren sehen, fragen uns die Leute manchmal, ob wir in Zirkusfamilien aufgewachsen oder ob unsere Eltern Profijongleure gewesen seien. Diesen Fragen liegt die Annahme zugrunde, daß man solche Fähigkeiten nur in der Kindheit erlernen könne. Diese Annahme ist beinahe richtig: Man *kann* solch eine Fähigkeit nur erlernen, wenn man an die Sache mit der Offenheit und dem Enthusiasmus eines Kindes herangeht. Es ist die *Methode eines Kindes*, die uns das Lernen ermöglicht.

Was sind aber nun die Geheimnisse der Kindermethode, die wesentlichen Voraussetzungen für die Realisierung unseres Superbaby-Potentials?

Wir alle sind Wunderkinder.
Thomas Mann

Die essentiellen Elemente des Spiels

Neugier: Von Geburt an – und manche Menschen behaupten, sogar schon vorher – sind alle Sinne des Babys darauf ausgerichtet, die Welt zu erforschen. Die ersten Lebensjahre sind charakterisiert von einem anscheinend unstillbaren Wissensdurst.
Sobald sie sprechen lernen, fangen Kinder an, Fragen zu stellen: Warum? Wo? Wer? Wann? Was? Wie? Die Antworten enthalten Angaben, die als Ausgangsbasis für noch mehr Fragen dienen.
Ein kluges Kind kann sogar dem gebildetsten Erwachsenen die Grenzen seines Wissens vor Augen führen, indem es ihm ein paar einfache Fragen stellt. So fragte beispielsweise ein Kind in einer imaginären Konversation mit Einstein:
»Onkel Albert, was ist ein Regenbogen?«
»Das ist weißes Licht, das von der Krümmung eines Regentropfens gebrochen und in seine Spektralfarben zerlegt wird.«
»Aber, Onkel Albert, was ist Licht?«
»Das sind kleine Bündel von Energie oder Wellen.«
»Aber, Onkel Albert, was ist Energie?«
»Gute Frage!«
Es ist unerläßlich, bohrende Fragen zu stellen und zu versuchen, die Antworten durch noch mehr Fragen zu durchleuchten, wenn man ein »Superbaby« sein will.

Synästhesie: Synästhesie, die Verschmelzung der Sinne, ist eine Eigenschaft, die allen Genies der Geschichte gemeinsam war. Albert Einstein, Nikola Tesla, Gustave Flaubert, Frank Lloyd Wright, Isadora Duncan, Henry Moore, Pierre-Auguste Rodin und viele andere Größen kultivierten diese Gabe.

Babys nutzen von Natur aus diese multisensorische Kapazität, bei der Farbe gleichgesetzt wird mit Klang, Rhythmus mit Form, Geschmack mit Tastempfindungen und Sehen mit Fühlen. Weil synästhetische Erfahrungen bizarr wirken können (»O Mami, hör doch diese große rote Blume!«), neigen wir dazu, diese Fähigkeiten abzulehnen. (»Das ist Unsinn. Blumen machen keine Geräusche.«)

Sie können Ihr Gedächtnis verbessern, Ihre Kreativität fördern und Ihre Freude am Lernprozeß steigern, wenn Sie die Synästhesie pflegen. Experimentieren Sie beispielsweise damit, die Gestalt, die Geräusche und die Farben einer perfekten Drei-Ball-Kaskade zu beschreiben.

Freude, Offenheit und Staunen: Achten Sie auf das Licht in den Augen des Babys, das freie Lachen und das häufige Lächeln, wenn es auf Entdeckungsreise geht. Für das Baby ist die Freude des Entdeckens an sich Belohnung genug. Babys haben einen offensichtlichen Vorteil, wenn es darum geht, die Welt ohne Vorurteile oder vorgefaßte Meinungen zu betrachten. Ihre eigene Offenheit ermöglicht es ihnen, vollkommen aufnahmefähig für neue Informationen zu sein.

In einer klassischen Zen-Parabel lädt ein Meister seinen Schüler zum Tee ein. Der Meister schenkt den Tee ein. Die Schale des Schülers ist voll, aber der Meister gießt weiter Tee hinein. Als die Schale überläuft, ruft der Schüler: »Aber Meister, meine Schale ist voll, sie läuft über!« Der Meister antwortet: »So ist es auch mit deinem Geist. Wenn du aufnehmen willst, was ich dich lehre, mußt du zuerst deine Schale leeren.«

Leeren Sie Ihre Schale. Öffnen Sie Ihren Geist. Der Dichter John Keats nannte diese Fähigkeit »eine Aufnahmefähigkeit für alle Dinge« und betonte, daß sie ein Schlüsselcharakteristikum aller Genies sei.

Der Psychiater Erich Fromm betont, kreatives Lernen erfordere »die Fähigkeit, sich verwirren zu lassen. Wenn sie einmal den Prozeß der Erziehung durchlaufen haben, verlieren die meisten Menschen jedoch die Fähigkeit zu staunen, sich überraschen zu lassen. Sie haben das Gefühl, daß sie alles wissen sollten, und daher bedeutet es für sie ein Zeichen von Unwissenheit, sich von irgend etwas überraschen oder verwirren zu lassen.«

Ernsthaftigkeit/Absicht: Was oft als »Kinderspiel« abgetan wird, ist in Wirklichkeit eine sehr ernsthafte Aktivität. Auch wenn das Baby während des Lernens oft lacht – bei genauer Beobachtung zeigt sich, daß das Kind konzentriert und eifrig ist und die Aufgabe, mit der es gerade beschäftigt ist, absolut ernst nimmt. Erwachsene meinen oft, Kinder hätten nur kurze Aufmerksamkeitsphasen; doch Kinder kümmern sich nicht notwendigerweise um die Prioritäten der Erwachsenen. Wenn Kinder damit beschäftigt sind, ihren eigenen Interessen nachzugehen, ist Ihre Konzentrationsfähigkeit gewaltig.

In vielen Organisationen, in die wir kommen, sagen uns die Leute, daß sie sich davor fürchten, verspielt zu wirken, weil sie meinen, daß sie dann nicht ernst genommen würden. Sie erzählen, daß, wenn sie gestreßt und unglücklich wirkten, die anderen den Eindruck bekämen, sie arbeiteten hart. Wir finden aber, Sie sollten lieber intelligent arbeiten. Übergroße Ernsthaftigkeit ist ein Warnsignal für Mittelmäßigkeit und bürokratisches Denken. Menschen, die sich ernsthaft zu hervorragenden Leistungen bekennen, sind gewöhnlich selbstsicher genug, um sich ein fröhliches Auftreten zu erlauben. Schaffen Sie sich eine Umgebung, in der Sie die Wichtigkeit des Spiels ernst nehmen können.

Wir sind uns selbst am nächsten, wenn wir die Ernsthaftigkeit eines spielenden Kindes erreichen …

Heraklit

Leidenschaft und Engagement: Wenn ein Baby in einen Raum voller Erwachsener krabbelt, wendet sich ihm jeder zu und sagt irgend etwas wie: »Oh, schau mal, ein Baby!« Die Hingabe, das Engagement und die Lebendigkeit des Babys geben ihm natürliches Charisma.

Babys sind leidenschaftlich, wenn es darum geht, ihre Ziele zu verfolgen. Sie legen keinen Wert darauf, auf Nummer Sicher zu gehen. Wie Ihnen alle Väter und Mütter bestätigen werden, unternimmt ein Baby alles, um das, was es will, auch zu bekommen! Superbabys sind ebenso. In einer klassischen Studie wurden Schachexperten mit Großmeistern verglichen. Die Forscher konnten keinerlei Unterschiede hinsichtlich IQ oder Merkfähigkeit zwischen den beiden Gruppen feststellen. Der einzige Faktor, der die Großmeister auszeichnete, war, daß sie mehr Zeit mit Spielen verbrachten, weil sie mehr Leidenschaft für das Spiel empfanden.

George Bernard Shaw sagte: »Das ist die wahre Freude im Leben: Für einen Zweck gebraucht zu werden, sich selbst als fähig anzuerkennen und das Letzte gegeben zu haben, bevor man auf den Schrotthaufen geworfen wird – eine Naturgewalt zu sein und nicht ein fiebriges kleines Bündel voller Unpäßlichkeiten und Unzufriedenheit, das sich darüber beklagt, daß die Welt es sich nicht zum Ziel gesetzt hat, einen glücklich zu machen.«

Finden Sie zu einer gesunden Leidenschaftlichkeit, und pflegen Sie sie. Seien Sie eine Naturgewalt. Spielen Sie aus ganzem Herzen.

Wiederholung/Übung: Babys sind notorische Wiederholer; sie käuen die Dinge unzählige Male wieder. Wiederholung gibt dem Versuch-und-Irrtum-Prozeß Zeit zu arbeiten. Babys experimentieren, testen, finden heraus, was funktioniert und was nicht. Indem sie ein neues Wort oder eine neue Aktivität tagelang endlos wiederholen, verinnerlichen Babys die neu gelernten Inhalte und »bahnen« neue neurale Informationspfade.
Superbabys verstehen, wie wichtig der berühmte Einzeiler von dem jungen Touristen ist, der sich in New York verirrte und einen Polizisten fragte: »Wie komme ich zur Carnegie Hall?« Der Polizist antwortete: »Übe, mein Junge, übe.«

Entspannte Konzentration: Legen Sie Ihre Hand auf den Rücken eines Babys, und Sie fühlen, wie die Energie sein ganzes Sein durchströmt; Sie spüren seine »Einheit«. Babys bewegen sich ohne unnötige Spannungen – das Rückgrat streckt sich, wenn sie krabbeln, sitzen oder stehen. Daß Babys die Kunst beherrschen, sich in der Aktivität zu entspannen, gibt ihnen außerordentliche Stärke und Spannkraft, und es erklärt auch, weshalb sie sich kaum je verletzen, wenn sie hinfallen. Entspannte Gelassenheit ist uns angeboren. Wenn wir uns von unnötigen Spannungsmustern befreien, gewinnen wir diese Haltung wieder und damit gleichzeitig auch zunehmend die Fähigkeit, mit Enthusiasmus und Freude zu spielen.

Üben Sie bedingungslose Selbstannahme: Wir machen es uns oft schwer, wenn wir versuchen, etwas Neues zu lernen. Wir internalisieren die Ansichten unserer ärgsten Kritiker und tadeln uns für die kleinsten Fehler. Wenn wir unsere Kinder so behandelten, wie wir mit uns selbst umgehen, würden sie niemals laufen oder sprechen lernen. Können Sie sich vorstellen, daß Sie zu einem Zweijährigen sagten: »Schau mal, du kleiner Dummkopf, wenn du das nicht richtig aussprechen kannst, dann halt doch einfach den Mund!« Oder: »Hör auf, dauernd hinzufallen, du Spastiker. Steh auf und geh gerade, oder geh überhaupt nicht.«

Wissenschaftler haben begonnen zu zeigen, daß Kinder als grundlegende Bedingung für eine gesunde Entwicklung des Gehirns Liebe in Form von liebevoller, beruhigender Ermutigung brauchen. Liebe ist der wirkungsvollste Motor für den Lernprozeß. Wenn Sie ein Baby beobachten, das gehen oder sprechen lernt, ist es wahrscheinlich, daß Ihnen das Herz aufgeht und Sie ihm Ihre Liebe geben.

Als Sie ein Baby waren, waren Ihre Eltern dafür verantwortlich, Ihren Lernprozeß durch bedingungslose Liebe zu fördern. In Anbetracht der Einschränkungen, die sie während ihrer eigenen Kindheit erfahren hatten, machten sie ihre Sache so gut sie konnten. Jetzt, wo Sie selbst erwachsen sind, sind Sie selbst dafür verantwortlich, Ihren Lernprozeß zu fördern. Beginnen Sie damit, sich selbst die Liebe und Ermutigung zuteil werden zu lassen, die Sie auch einem Baby geben würden. Versuchen Sie, ausgehend von der Basis der Selbstakzeptanz, Ihre aktuelle Realität richtig einzuschätzen. Setzen Sie sich ambitionierte Ziele, und genießen Sie die Spannung zwischen Ihren Zielen und der Realität. Überbrücken Sie die Lücke durch lustvolles, ernsthaftes Spiel.

Die Evolution des menschlichen Gehirns als Lernmechanismus

Wieso sind die Menschen von Natur aus so lernbegabt? Die Antwort liegt in den Millionen Jahren, die die Evolution gebraucht hat, um den hochentwickeltsten Biocomputer unseres Planeten zu entwickeln – Ihr Gehirn. Es ist so leistungsstark, daß es im direkten Vergleich auch die kompliziertesten Computer in den Schatten stellt. Das Überleben der führenden Spezies der Evolution, des Menschen, ist auf eine einzelne Eigenschaft zurückzuführen, die sie von anderen unterscheidet: Flexibilität.

Die Menschenkinder haben die längste Kindheit unter allen Lebewesen. Als Spezies können wir ungewöhnlich lange Zeit mit unseren Kindern verbringen. Das ermöglicht es uns, eine unbegrenzte Zahl von Verhaltensoptionen in das sich entwickelnde Gehirn zu »programmieren«. Jene Gabe der Natur, die es uns erlaubt, unsere Möglichkeiten zu erforschen und unser Potential auszuschöpfen, ist die ernstzunehmendste, schönste und wichtigste aller menschlichen Aktivitäten: das SPIEL!

Im Rahmen seiner bahnbrechenden Studien über sich selbst verwirklichende Individuen beobachtete Abraham Maslow, daß diese außergewöhnlichen Menschen eine Qualität besaßen, die er als »sekundäre Naivität« bezeichnete. Wenn Sie ältere Menschen beobachten, die sich ihre Lebenslust bewahrt haben, werden Sie feststellen, daß sie einen Sinn für Staunen, Neugier, Respektlosigkeit und Engagement haben, genau wie Babys! In der Bibel heißt es: »Wenn ihr nicht umkehrt und werdet wie die Kinder, so werdet ihr nicht in das Himmelreich eingehen.«

Wir glauben, daß Sie, wenn Sie bereit sind, die Offenheit, Freiheit und Leidenschaft wiederzuentdecken, mit der Sie geboren wurden, den Himmel auf Erden entdecken werden.

Aus der Freude entspringt alle Schöpfung. Von der Freude wird sie genährt, zur Freude strebt sie, und zur Freude kehrt sie zurück.

die Upanishaden

Leitlinien für das Spiel

- Spielen Sie mit Ihren Jonglierbällen.
  Versuchen Sie,
  - mit fünf Bällen in einer Hand zu jonglieren,
  - Bälle mit dem Kopf zu werfen,
  - Bälle vom Kopf Ihres Partners abspringen zu lassen,
  - mit ungewöhnlichen Objektiven zu jonglieren ... beispielsweise mit Wackelpudding oder mit Federn.
    Jetzt sind Sie bereit für Eier!
- Lachen Sie über Ihre Fehler und über Ihre Erfolge. Einstein pflegte herzhaft zu lachen, wenn er neue Erkenntnisse hatte.
- Nehmen Sie die Planung Ihrer Spielzeit ernst. Planen Sie Spontaneität!
- Beobachten Sie Babys! Wenden Sie das, was Sie lernen, beim Jonglieren, beim Lernen und im Leben an.

Herzlichen Glückwunsch! Indem Sie *Die Kunst des Jonglierens* zu Ende gelesen haben, haben Sie Ihre Einflußsphäre erweitert. Mit dem Jonglieren haben Sie eine universelle Sprache erlernt. In Japan sind Sie ein *tejina-shi*, in Italien ein *giocoliere*, in Lateinamerika und in Spanien ein *malabarista* und in Indonesien ein *pemain sunglap*. Wohin immer Sie reisen, Sie kennen ein Geheimnis, mit dem Sie jedes Kind begeistern können und das Kind in jedem Erwachsenen zum Vorschein bringen können. Wenden Sie die Prinzipien der Jonglier-Metapher-Methode an, um andere in die Freuden des Jonglierens einzuweihen und ihnen zu helfen, alles zu lernen, was sie wollen, und zwar so gut wie nur möglich. Menschen aus allen Lebensbereichen und Schichten jonglieren und lernen gemeinsam. Schüler und Studenten und Professoren beleben Körper und Geist durch das Jonglieren. Familien jonglieren, lachen und lieben gemeinsam. Unternehmen erhöhen ihre Effektivität und die Konzentration durch die Anwendung der Jongliermetapher. Menschen auf der ganzen Welt genießen die Auseinandersetzung mit der Unendlichkeit.

Ihr Lernpotential ist buchstäblich unbegrenzt. Aktivieren Sie Ihre unglaubliche Lernkapazität, indem Sie den Erfolg visualisieren und Fehler neu bewerten. Gestalten Sie Ihr Leben erfüllender und freudvoller, indem Sie sich die Kunst der entspannten Konzentration zu eigen machen und die Weisheit des Spiels für sich nutzen.

Jonglieren Sie, und aktivieren Sie den inneren Rhythmus, der Sie mit allen Kreaturen der Schöpfung verbindet. Was immer es ist, was Sie schon immer lernen wollten, Ihr größter Traum, Ihre wildeste Phantasie, packen Sie's jetzt an! Engagieren Sie sich, und der Erfolg wird sich unweigerlich einstellen.

Willkommen in der wachsenden Familie der Jongleure in aller Welt! Dieses Gedicht ist Ihnen gewidmet.

Die Jongleure der Welt: Klang, Raum-Zeit, Energie – die großen Kinder des Kosmos

Die Jongleure der Welt
die großen Kinder.
Immerwährende Freudensprünge!
Der Klang perlt in Kaskaden, rollt und breitet sich aus, steigt und fällt, bricht, schmilzt, entfaltet sich, springt, hüpft, lacht.

Die Kraft zieht, bewegt, gräbt, durchbricht, schüttelt, hebt, zerrt, bläst, wirft,
läßt fallen, ignoriert, saugt, wirbelt, streckt, jammert, bricht, kombiniert, brennt, lacht.
Raum-Zeit breitet sich aus, treibt, schwindet, komprimiert sich, lichtet sich, rollt, schwebt, entfaltet sich.
Energie verändert sich, vermengt sich, jongliert, heizt, strahlt, explodiert.

Ihr Spielzeug! Ihre Felder!
Unzählige Gliedmaßen, um damit zu jonglieren, fallen zu lassen, zu heben, zu stoßen, zu schlagen und zu spielen!
Trauben von Juwelen zum Kichern, Spinnen, Rotieren; Feuerbälle formen,
komprimierte Felsen ringsum, bemalt mit dem Gammapinsel, frieren,
explodieren; Ball als Sonne, Planet, Molekül oder Atom, zum Dribbeln, Tragen,
Rollen, Werfen, Schießen oder Wirbeln. Alles, um zu schleudern, springen, schwingen, herumzutollen, zu kaspern, herumzualbern, zu lachen, zu scherzen, zu spielen:
Röntgenstrahlen, Gamma-Kraft, Ultra-, Infra-Realität; große Wüsten,
galaktische Wolken, Herauslugen aus dem Versteck des blinden Mannes, Rorschach-Pferde besteigen und reiten.

Rundum und um und durch unser geradliniges, kreisförmiges, geschwindigkeitsunterjochtes Universum!
Nach dem Mond schießen, auf flammengeschwänzten Eisbällen reiten, nach Dingen Ausschau halten, die sich drohend vor dem rein blauen Horizont des Titanen abzeichnen, filigrane Sternenstaubspektren sehen, die uns quälen, lachen über:
geflügelten Helm;

Schlitz symbolisiert; Kugel gekreuzt; kreisgepfeilter Stachelkopf; Bolzen;
Kronos; sein Weibchen; Dreizack; infernalischer Gott; und Staub; unsere wirbelnden Steine;
blaue Sterne herumschießen, voll kreisendem Rot, Rot ist Hitze und Blau ist kalt,
herumhantierend mit Haufen, Nebeln, gefesselten Sonnen, Tandem
Reisende und Supergiganten, alle Farben absorbierend, das Monster sehend
explodierte in den Krebs, Licht staubgegürtet,
Supernova zerschmettert, und das
Kosmosrot und das Blau schieben uns in einen Würfel, in einen Würfel, in einen Würfel,
ins Nichts ist alles.

Unendlich energetisch, grenzenlos, ungebunden!

Alle Tage und der siebente genauso in einen einzigen. Frei! Superbabys spielen,
spielen durch uns, Laser, Hitze, Feuer, Jonglieren, Springen, Durchdringen, Modellieren,
Formen, all diese sind Ihre, Ewigkeit, unendliche Dunkelheit,
Licht, Schaffen, Zerstören,
niemals alt werden!

Wandel geht in Wandel über: Bewegung gleichförmig,
Geschwindigkeit konstant, Geräusch keines;
sie hallen wider in einzelnen Tönen.

Anhang

Meilensteine auf dem Weg zur Unendlichkeit: Der Raster des Meisterjongleurs

Viele unserer Kursteilnehmer haben uns nach einem System gefragt, mit Hilfe dessen sie ihre Fortschritte im Jonglieren messen könnten. Als Reaktion darauf haben wir das Raster des Meisterjongleurs entwickelt. Formale Bewertungsraster werden in einer Vielzahl von Bereichen verwendet, vom Klavierspielen über Schach, bis zu den Kampfsportarten. Unser Raster ist dem Bewertungssystem nachempfunden, das beim Aikido verwendet wird, einem japanischen Kampfsport, den wir beide trainieren. Obwohl wir glauben und hoffen, daß Sie dieses Raster für die Bewertung Ihrer Fortschritte im Jonglieren nützlich finden werden, wünschen wir uns vor allem, daß Sie die Prinzipien aus *Die Kunst des Jonglierens* tatsächlich anwenden und so Ihr Leben bereichern und mit unbändiger Freude erfüllen werden.

10. Niveau – Zehnmaliges Jonglieren mit einem Ball von Hand zu Hand hin und her.
9. Niveau – Zwei Bälle zeitlich versetzt an die richtigen Punkte an der oberen Begrenzung der Box werfen und fallen lassen. Zwei werfen und einen fangen. Zwei werfen und beide fangen – eine Zwei-Ball-Jonglierkür.
8. Niveau – Zehn Jonglierküren mit zwei Bällen.
7. Niveau – Drei Bälle an die richtigen Punkte an der oberen Begrenzung der Box werfen und alle fallen lassen. Drei werfen einen fangen. Drei werfen und zwei fangen. Drei werfen und alle drei fangen – Ihre erste Drei-Ball-Jonglierkür.
6. Niveau – Drei komplette Jonglierküren in kontinuierlicher Folge.
5. Niveau – Zehn komplette Jonglierküren in kontinuierlicher

Folge. Einmaliger erfolgreicher Wurf nach dem Mond. Eine Ein-Hand-Jonglierkür mit jeder Hand einzeln.

4. Niveau – Dreiunddreißig und ein Drittel komplette Jonglierküren in kontinuierlicher Folge (100 Würfe). Ein Ball hoch hinaus von jeder Seite, dreimal in kontinuierlicher Folge. Fünf Ein-Hand-Jonglierküren mit zwei Bällen (10 Würfe) mit jeder Hand einzeln.
3. Niveau – Einhundert komplette Jonglierküren in kontinuierlicher Folge (300 Würfe). Eine komplette umgekehrte Unendlichkeitsserie. Drei Springbrunnen in einer ununterbrochenen Serie von Jonglierküren. Einundzwanzig Ein-Hand-Jonglierküren mit zwei Bällen (40 Würfe) mit jeder Hand einzeln. Drüber-drunter-Übung mit einem Ball, zehnmal.
2. Niveau – Dreihundertdreiunddreißig und ein Drittel komplette Jonglierküren in kontinuierlicher Folge (1000 Würfe). Der Hinter-dem-Rücken-Trick im Fluß einer Jonglierkür, mit jeder Hand. Einhundert Ein-Ball-Jonglierküren mit zwei Bällen (200 Würfe) mit jeder Hand einzeln. Körperwurf-Trick im Fluß einer Jonglierkür, mit dem Körperteil Ihrer Wahl. Einen Ball über die Schulter werfen und hinter dem Rücken fangen – zehnmal auf jeder Seite.
1. Niveau – Alle bisherigen Anforderungen plus eine deutliche Verbesserung von Haltung, Rhythmus und Fließen der Bewegung. Der Hinter-dem-Rücken-Trick im Fluß einer Jonglierkür, mit beiden Händen nacheinander. Der Über-die-Schulter-Trick im Fluß, mit beiden Händen nacheinander. Vier-Ball-Trick (eine komplette Jonglierkür. Einminütige Jonglierübung mit Kombination von mindestens vier verschiedenen Tricks, einschließlich eines vom Jongleur kreierten.

Schwarzer Gürtel – Alle bisherigen Anforderungen plus eine deutliche Verbesserung von Haltung, Rhythmus und Bewegungsfluß. Dreißig Sekunden langes Vier-Ball-Jonglieren ununterbrochen (rund fünfundzwanzig Jonglierküren). Fünf-Ball-Trick (eine vollständige Jonglierkür). Zweiminütige Drei-Ball-Übung mit Kombination von mindestens acht verschiedenen Tricks, einschließlich dreier vom Jongleur kreierter.

Schwarzer Gürtel zweiten Grades – Alle bisherigen Anforderungen plus eine deutliche Verbesserung von Haltung, Rhythmus und Fließen der Bewegung. Einminütiges, ununterbrochenes Vier-Ball-Jonglieren, einschließlich dreier verschiedener Tricks. Fünf-Ball-Jonglieren (drei vollständige Jonglierküren in ununterbrochener Folge). Drei Bälle in einer Hand, zwei Jonglierküren.

Schwarzer Gürtel dritten Grades – Alle bisherigen Anforderungen plus eine deutliche Verbesserung von Haltung, Rhythmus und Bewegungsfluß. Zweiminütiges, ununterbrochenes Vier-Ball-Jonglieren mit sechs verschiedenen integrierten Tricks. Zwanzig Sekunden langes Fünf-Ball-Jonglieren in ununterbrochener Folge. Sechs-Ball-Trick (eine Jonglierkür). Sieben-Ball-Jonglieren: weiches Fallenlassen!

Die Jonglier-Metapher-Methode (Kurzversion)

1. Nehmen Sie einen Ball, und werfen Sie ihn hin und her, von Hand zu Hand, in einem sanften Bogen unmittelbar über Ihrem Kopf. Gut!
2. Nehmen Sie zwei Bälle, einen in jede Hand. Werfen Sie den Ball in Ihrer rechten Hand, genau so, wie Sie es mit nur einem Ball getan haben. Wenn er den höchsten Punkt seiner Flugbahn erreicht, werfen Sie den Ball in Ihrer linken Hand in genau derselben Weise. Konzentrieren Sie sich auf glatte, leichte Würfe, und lassen Sie beide Bälle fallen.
3. Wie Schritt zwei, nur fangen Sie diesmal den ersten Ball. Lassen Sie den zweiten fallen.
4. Wie Schritt zwei, nur fangen Sie diesmal beide!
5. Großartig! Nun sind Sie bereit, es mit drei Bällen zu versuchen. Nehmen Sie zwei Bälle in eine Hand und einen in die andere. Werfen Sie den vorderen Ball mit der Hand, in der Sie zwei Bälle halten. Wenn er den Scheitelpunkt seiner Flugbahn erreicht, werfen Sie den einzelnen Ball, der sich in Ihrer anderen Hand befindet. Wenn er den Scheitelpunkt seiner Flugbahn erreicht,

werfen Sie den noch verbleibenden Ball. Lassen Sie alle Bälle fallen!

6. Wie Schritt 5, nur fangen Sie diesmal den ersten Ball.
7. Wie Schritt 5, nur fangen Sie diesmal die beiden ersten Bälle. Wenn Sie die beiden ersten Bälle fangen und daran denken, den dritten zu werfen, werden Sie feststellen, daß nur noch ein Ball in der Luft bleibt, und mit einem Ball können Sie schon jonglieren! Wir hatten Ihnen doch gesagt, daß Jonglieren einfach ist! Fangen Sie den dritten Ball, und Sie haben Ihre erste Jonglierkür beendet! Feiern Sie Ihren Erfolg!

Natürlich werden Sie sich jetzt, wo Sie Ihre erste Jonglierkür beendet haben, auch an mehrere Küren hintereinander wagen wollen. Wenn Sie die Jonglier-Metapher-Methode anwenden, sich auf die Leichtigkeit und auf die Richtung Ihrer Würfe konzentrieren und die Bälle bewußt fallen lassen, werden Sie das ekstatische Reich der Mehrfach-Jonglierkür betreten. Im Zuge des Prozesses werden Sie lernen, wie man die Geschwindigkeit und die Qualität des eigenen Lernens steigern kann.

Glossar

Aikido – Wörtlich übersetzt »der Weg der harmonischen Energie«. Eine Kampfsportart, die auf Gewaltlosigkeit basiert.

Alexander-Technik – Eine Methode zum »Verlernen« des Schreckmusters und zur Erreichung des Zustandes der entspannten Konzentration.

Dusche – Jonglieren in Kreis, bei dem die Bälle an der unteren Begrenzung der Box von Hand zu Hand gereicht werden.

Fließzustand – Ein Zustand entspannter Konzentration, in dem komplexe Aufgaben einfach erscheinen.

Jonglierkür – Aufeinanderfolgendes Werfen und Fangen von drei Bällen.

Kaskade – Das grundlegende Drei-Ball-Jongliermuster. Es sieht aus wie eine waagrecht liegende Acht.

Mind Maps® – Eine Methode des Jonglierens in Gedanken, die Kreativität, Gedächtnisleistung und Lernfähigkeit steigert.

Qualität – Das Resultat des Bekenntnisses zu kontinuierlichem Lernen.

Schreckmuster – Ein Angstzustand, der durch einen verspannten Nacken und ein Zurückbiegen des Kopfes gekennzeichnet ist.

Superbaby – Ein erwachsener Lernender mit der Offenheit, Neugier und Hingabe eines Kindes.

Bibliographie

Alexander, Frederick Matthias. *Der Gebrauch des Selbst.* München 1988. Der faszinierende Bericht des Autors über seine Entdeckung der späteren Alexander-Technik. Pflichtlektüre für jeden, der die Kunst der entspannten Konzentration erlernen will.

Bennis, Warren. *On Becoming a Leader.* New York 1989. Bennis' Profil von 28 führenden Persönlichkeiten, darunter James Burke, Betty Friedan und Norman Lear, zeigt, daß die Fähigkeit, nach dem Fallenlassen der Bälle gleich weiterzumachen, ein Schlüssel zum Erfolg ist.

Buzan, T. *The Mind Map Book: Radiant Thinking.* London 1993. Buzans Meisterstück, der perfekte Leitfaden für das Mindmapping.

Buzan, T. *Use Both Sides of Your Brain.* Überarbeitet und aktualisiert. New York 1983. Buzans klassisches Werk, das ihm seinen Ruf als Vater der »whole-brain (Gesamthirn) education« einbrachte. Ein wertvoller Führer für alle, die daran interessiert sind zu lernen, wie man lernt.

Buzan, T. *Nichts vergessen: Kopftraining für ein Supergedächtnis.* München 1991. Das beste aller Gedächtnis-Lehrbücher. Buzan behandelt das Thema umfassend: Seine Techniken sind einfach zu lernen und unmittelbar anwendbar.

Covey, Stephen. *The 7 Habits of Highly Effective People.* New York 1989. Hausverstand mit System.

Dobson, Terry, und Victor Miller. *Aikido in Everyday Life: Giving in to Get Your Way.* Dieses Buch stellt eine Vielzahl kreativer Strategien vor, die auf der Aikido-Metapher beruhen und der Konfliktbewältigung im täglichen Leben dienen.

Fincher, Jack: *Lefties: The Origin and Consequences of Being Left-Handed.* New York 1977. Ein amüsanter und gut recherchierter Überblick über die Beziehung zwischen Hand und Gehirn.

Fuller, Buckminster. *Critical Path.* New York 1981. Fuller führt aus, daß das immense Potential des Gehirns durch den Prozeß von Versuch und Irrtum aktiviert wird.

Gallwey, W. Timothy. *Tennis – das innere Spiel. Durch entspannte Konzentration zur Bestleistung.* München 1991. Gut verständliches, athletisches Zen.

Gelb, Michael: *Body Learning: An Introduction to the Alexander Technique.* London 1981. *Publishers Weekly* bezeichnete dieses Buch als das überzeugendste zu diesem Thema.

Gelb, Michael: *Present Yourself!* Rolling Estates 1988. Eine Stilelementesammlung für kreative Redner.

Gelb, Michael. *The New Mind Map.* Washington D. C. 1991 (illustriert von Nusa Maal Gelb). Ein Wegweiser für Ihr Gehirn.

Hart, Leslie. *How The Brain Works.* New York 1975. Leslie Harts Buch bietet einen faszinierenden Einblick in die Funktionsweise des menschlichen Gehirns; besonders betont wird seine aktive, nach Mustern suchende Natur.

Heckler, Richard Strozzi. *Aikido an the New Warrior.* Berkeley 1985. Enthält Terry Dobsons eindrucksvollen Aufsatz über Konfliktlösung: »A Kind Word Turneth Away Wrath«.

Herrigel, Eugene. *Der Zen-Weg.* München 1990. Das originale Zen-Anwendungsbuch. Es bietet tiefgehende Einblicke in die Erlangung von Meisterschaft in jeder beliebigen Disziplin.

Hoffmann, Edward. *The Right to be Human: A Biography of Abraham Maslow.* Los Angeles 1988. Eine gut geschriebene Biographie des Vaters der humanistischen Psychologie und des menschenzentrierten Managements.

Jones, Frank Pierce. *Body Awareness in Action: A Study of the Alexander Technique.* New York 1976. Dieses exzellente Buch enthält eine intensive Erörterung von Jones' bahnbrechender wissenschaftlicher Studie über die Alexander-Technik, einschließlich seiner Arbeit über das Schreckmuster.

Laotse. *Tao Te Ching.* Eine neue englische Version mit Vorwort und Anmerkungen von Stephen Mitchell. New York 1988. Die Bibel des Nichttuns und Verlernens.

Leonard, George. *Der Pulsschlag des Universums.* München 1992. Leonard jongliert auf seiner Suche nach dem »perfekten Rhythmus« mit Musik, Physik, Philosophie, Mathematik und Sport.

Leonard, George. *Mastery*. New York 1991. Eine eloquente Einladung zu lebenslangem Lernen.

Samuels, Mike, und Nancy Samuels. *Seeing With the Mind's Eye*. New York 1976. Diese umfassende Arbeit bietet faszinierende Informationen über Geschichte und Einsatzmöglichkeiten der Visualisierung.

Saotome, Mitsugi. *Aikido and the Harmony of Nature*. Boulogne 1985. Saotome zeichnet ein inspirierendes Modell für entspannte Konzentration.

Selye, Hans. *Streß beherrscht unser Leben*. München 1991. Das Originalwerk über Streß, das den Ausdruck »fight or flight« (»kämpfe oder flüchte«) geprägt hat.

Senge, Peter M. *The Fifth Discipline: The Art & Practice of the Learning Organization*. New York 1990. Ein Organisationsleitfaden, der einem hilft, das Lernen zu lernen.

Summers, Kit. *Juggling with Finesse*. San Diego 1987. Ein Kompendium von exzellenten Jongleuren.

Von Oech, Roger. *Denkanstoß – Ein Kreativitäts-Workshop*. München 1992. Von Oech würdigt die Macht des Spiels in Zusammenhang mit dem Prozeß der Kreativität.

Walton, Mary. *The Deming Management Method*. New York 1986. Ein hervorragendes Buch über Qualität.

Hinweis

Michael J. Gelb und Tony Buzan bieten viele Programme zu den in diesem und in ihren anderen Büchern angesprochenen Themen an, darunter *The Mind and Body Seminar*, ein außergewöhnliches fünftägiges Programm für Führungskräfte. Wenn Sie weitere Informationen über das *Mind and Body Seminar* und von Michael Gelb und Tony Buzan angebotene Vorträge, Workshops, Seminare und Beratungsdienste möchten, wenden Sie sich an das High Performance Learning Center oder die Tony Buzan Centers, USA, Inc.

Zum High Performance Learning Center® (HPL): HPL ist eine internationale Leadership-Trainings- und Consultingfirma, die von Michael J. Gelb im Jahr 1982 gegründet wurde. Sie hilft Einzelpersonen und Organisationen, ihre wichtigsten Ziele genau zu definieren und zu verwirklichen. HPL hilft Führungskräften dabei, ihr eigener Lehrmeister zu werden, um so Teamarbeit, Kreativität, Kommunikation, Vertrauen und organisatorische Abstimmung zu fördern. HPL ist ein Katalysator für kreative Veränderung und schließt die Lücke zwischen Visionen von außergewöhnlich hoher Qualität, ausgezeichnetem Service, persönlicher Erfüllung und Alltagsverhalten. Zu den bekanntesten Programmen und Serviceangeboten von HPL gehören:

Mind Mapping and Creative Thinking
Presentation as Leadership
High Performance Sales
Black Belt Business®
Leadership, Vision, and Values
Lessons from the Art of Juggling
One-on-One Executive Coaching with Michael J. Gelb

Visual Synthesis®: Simultane, künstlerische Illustration des Inhalts von Meetings, Konferenzen und strategischen Planungssitzungen von Nusa Maal Gelb.

Bei HPL erhältliche Produkte sind unter anderem:
Mind Mapping: How to Liberate Your Natural Genius (vier Audio-Kassetten, produziert von Nightingale-Conant)
The New Mind Map (eine Landkarte für Ihr Gehirn) und die folgenden Bücher:
Body Learning: An Introduction to the Alexander Technique (New Edition)
Present Yourself: Captivate Your Audience with Great Presentation Skills
The Mind Map Book: Radiant Thinking (by Tony Buzan)

Kontaktadresse:
Cathy Lewis, Direktorin Client Services
High Performance Learning®
9844 Beach Mill Road
Great Falls, Virginia 22066
Telefon: (7 03) 7 57-70 07
Fax: (7 03) 7 57-72 21

In den Buzan Centers USA, die von Tony Buzan und Vanda North gegründet wurden, wird gelehrt, wie man richtig lernt. Der Schwerpunkt liegt auf der Anwendung neuester Ergebnisse aus der Gehirnforschung auf die Bereiche Gedächtnis, Lernen, Veränderung, Informationsmanagement, Lesen, Empowerment, Qualität und Leben.

An Kursen wird an den Buzan Centers unter anderem folgendes angeboten:

- Radiant Thinking (Mind Maps)
- Radiant Remembering
- Radiant Reading
- Radiant Speaking
- Radiant Selling

Es handelt sich jeweils um eintägige Kurse, die mit beliebigen bestehenden Programmen kombiniert werden können, um die Effektivität zu erhöhen. Öffentlich zugängliche Kurse, firmeninterne Kurse oder lizenzierte Train-the-Trainer-Kurse werden ebenfalls angeboten.

Zu den an den Buzan Centers angebotenen Produkten gehören der millionenfache Bestseller *Use Both Sides of Your Brain* und das neue *Mind Map Book*. An Audiokassetten gibt es die neue »Buzan On …«-Serie und Michael Gelbs »Mind Mapping: How to Liberate Your Natural Genius«. Weiters sind erhältlich: die neue Charthouse-Videoproduktion »If at first …«, Mind-Map-Software und Life-Management-Systeme. Wenn Sie mehr Informationen über Kurse oder Produkte möchten, wenden Sie sich an die Buzan Centers Inc., 415 Federal Highway, Lake Park, Florida 33403. Telefon (4 07) 8 81-01 88 oder Fax: (4 07) 8 45-32 10.

Register